Eine Tasse Tee genießen

Gedichte

Petra Dobrovolny-Mühlenbach, Dietrich Krome,
Marita Wilma Lasch u.v.a.

Dorante Edition

Eine Tasse Tee genießen

Gedichte

**Petra Dobrovolny-Mühlenbach,
Dietrich Krome,
Marita Wilma Lasch u.v.a.**

Bibliografische Information durch die Deutsche Nationalbibliothek: Die Deutsche Nationalbibliothek verzeichnet diese Publikation in der Deutschen Nationalbibliografie; detaillierte bibliografische Daten sind im Internet über http://dnb.d-nb.de abrufbar.

herausgegeben durch das Literaturpodium, Dorante Edition
Berlin 2020, www.literaturpodium.de
ISBN: 9783750433410

Foto auf der Vorderseite: Petra Dobrovolny-Mühlenbach
(aufgenommen in Baltimore, einem kleinen Küstenort im Südwesten Irlands)

Verlag und Herstellung: BoD – Books on Demand, Norderstedt

Übermut des Frühlings

Der Frühling scheut keinerlei Mühen,
klettert im Mai sogar auf den Apfelbaum,
lässt die winterkahlen Äste erblühen
und nimmt ein seinen blühenden Raum.

Blätter schenkt er allen Baumkronen.
Lampionlichter setzt er den Wiesen auf.
Er lässt Schmetterlinge dort wohnen,
nimmt störende Mauswurfshügel in Kauf.

Bächlein dürfen frohgemut gluckern,
und eine Lerche schwingt sich in die Luft.
Vom Dach klingt der Tauben Ruggern
und uns erfreut des Frühlings Blütenduft.

Welche Kraft steckt im neuen Werden,
wenn der Saft aufsteigt und in Äste fließt!
Frische Triebe durchbrechen die Erde,
weil in sie kraftvoll das Wachstum schießt.

Sieglinde Seiler

Sonnentag

Hinter den Wolken gerade aufgewacht,
zeigt sich die Morgensonne in ihrer Pracht.
Sie strahlt die blühenden Wiesen an,
wie sie das im Sommer am besten kann.

Bald schreitet sie am Himmel entlang
und wärmt die Vögel beim Morgengesang.
Die Sonne vertreibt eine Nebelschwade
und begibt sich weiter auf die Zielgerade.

Hoch droben steht sie zur Mittagszeit
verschönt mancher Blume buntes Kleid,
wärmt ein Kätzchen beim Mittagsschlaf
das sie ganz sanft mit ihren Strahlen traf.

Bevor sie verschwindet auf ihrer Bahn,
kündigt sie mit schrägem Gesicht dies an.
Sie badet in ihrem Sonnenuntergang,
begleitet von der Vogelwelt Abendgesang.

Als Trost schickt sie uns ein Abendrot,
nach alter Weisheit ein „Schönwetterbot"'.
Es schickt den Sommertag in die Nacht,
wo der Sternenhimmel im Dunkel wacht.

Sieglinde Seiler

Es ist ...

Entspannt im Liegestuhl liegend,
von der Abendsonne gestreichelt
und in den Augenblick eingebettet,
empfindet meine Seele das, was ist.
Sie spürt, entspannt, riecht und hört,
die Gegenwart, die Gegenwart,
die Gegenwart, die Gegenwart,
die Gegenwart, die Gegenwart,
die sie in des Alltags Hektik vermisst.
Vorbei ist längst die Vergangenheit.
Auch die Zukunft ist noch nicht da,
so dass ich für einen Augenblick
tatsächlich die Gegenwart sah.

Sieglinde Seiler

Herbstnebel-Elfen

Die Tautröpfchen weinen
wenn die Nebelelfen entschwinden,
weil sie damit das Gefühl,
dass der Winter kommt, verbinden.

Ihr Glanz bleibt verborgen,
da die Herbstsonne nicht scheint,
sich der Himmel düster zeigt,
weil auch er übers Vergehen weint.

Auf leisen, eiskalten Sohlen
schleicht sich der Winteranfang an
und nimmt den frühen Morgen
in seinen frostigen Raureif-Bann.

Zierde des Raureifs

Der Raureif schmückt die kahlen Bäume,
legt auf Äste seiner frostigen Kristalle Zier,
denn einzunehmen der Landschaft Räume
ist des Winteranfangs hartnäckige Begier.

Glitzernd zeigen sich die zarten Kristalle,
die an trockene Grashalme geheftet sind.
Der unverhoffte Anblick erfreut uns alle!
Sein Zauber lässt staunen selbst ein Kind.

Die Wintersonne rückt mit ihren Strahlen
ins Licht der Raureifkristalle grazile Gestalt.
Wie Brillanten lässt sie Eiskristalle strahlen,
bis sie ihnen wegnimmt den sicheren Halt.

Als Tropfen fallen sie auf die harte Erde.
Sie nehmen noch Glanz mit im freien Fall,
sorgen uneigennützig fürs neue „Werde",
wenn Frühling wirft seinen blühenden Ball.

Sieglinde Seiler

Der Wintermorgen träumt

Es scheint, als würde
der Wintermorgen träumen,
denn des Friedens Stille
liegt über dem Wiesengrund.
Geheimnisvoll fungiert
der Hauch des leichten Nebels
wie ein Weichzeichner
zur frühen Morgenstund`.

Der fröstelnde Winter
träumt klirrend kalte Träume.
Er hat mit Eiskristallen
stattliche Tannen geschmückt.
Mit feinen hohen Tönen
er Eisglöckchen am Bachsaum
in den traumverlorenen
Blick des Wanderers rückt.

Sanft will ihn die Sonne
aus seinen Träumen wecken.
Eiskristallen verleiht sie
zum Funkeln Brillantenglanz.
Ihre schwachen Strahlen
können ihn leider nicht locken.
Er genießt noch träumend
im weißen Ballkleid den Tanz.

Angela Hilde Timm

Sonntagmorgen

Sonntagmorgen
Blätterrauschen
und meine Sinne lauschen.

Froh und dankbar
für das Leben
für die Farben
für den Duft
für die Tiere, die sich rings rum regen
und für die Vögel in der Luft, –
für die Klänge, für das Rauschen.

Sonntagmorgen – Schöpfungsfeier
und mein Geist wird immer freier.
Lächelnd so im Leben stehen,
und auf Erden so den Himmel sehen:
das ist Glück!

Das ist Segen,
der um und in mich fällt
wie warmer Regen.

Angela Hilde Timm

Sieh, die Natur erzählt uns was!

Liebesboten gleich
grüßten Tulpen – leuchtendrot! –
ohne Spur von Leid und Not.

Freundlich und zahm
der sonnige Löwenzahn
die Rolle der heiteren
Frühlingssonne übernahm.

Saftig grün spross das frische Gras.
Sieh, die Natur erzählt uns was!

Wolken sich am Himmel tummeln,
Winde in den Haaren fummeln.

Mummeln wir uns auch ordentlich ein,
und fehlt noch Wärme dem Sonnenschein,
so können wir doch sehen,
was die Natur uns gibt zu verstehen:

Die wahren Feste
– und dies ist das Beste –
schenkt uns die Schöpfung von allein;
wir brauchen bloß aufmerksam zu sein.

nach Spaziergang am Elbdeich im Mai 1992

Angela Hilde Timm

Die Vögel zwitschern ‚Gute Nacht'

und auch die Rose – gib fein Acht –
bietet ihren letzten Gruß
bevor sie im Nachtdunkel träumen muß.

Die Luft wird kühler und ein wenig feucht,
die Zweige und Blätter der Bäume rascheln leicht
im seichten kühlen Abendwind.
Oh, wie bin ich froh gestimmt!

Die Nacht, sie kommt so sanft und mild,
und Frieden aus dem Herzen quillt.
Wie liebreich beschließt die Schöpfung den Tag,
warum wohl der Mensch immer nur Hetzen mag?

Ach, besähe sich der Mensch öfter
das wundersame Schauspiel der Natur
im Laufe der Jahre seiner Lebensuhr,
er höbe Schätze, die kein Termin ihm schenkt,
indem er Blick und Sinn einfach
auf das Natürliche lenkt.

Warum muß ich diese Zeit mir stehlen?
Mög' es in meinem und in deinem Leben
nie an solchen Stunden fehlen.

Schließen tue ich mit dem Gebet:
Herr Jesus, hilf, daß die Schöpfung
den Menschen überlebt.

Dietrich Krome

Ach wie so trügerisch…

In jeder Wurzel steckt eine Kraft,
Geheimnisvoll und rätselhaft.
Ich sah ein seltenes Exemplar –
Ein Torso lag so vor mir da:
Das rechte Bein – lang hingestreckt,
Das andere – halbhoch angehoben.
Das Ding schien nahezu perfekt!

Urwüchsig die Form, die helle Holzstruktur,
Halb Kunstwerk schon und doch Natur:
Dies alles hat mich angezogen!
Zu spät hab´ ich indes erkannt:
Die Wurzel da - ist sehr pikant!
Glaubt ja nicht, dass ich es erdichte,
Es ist fürwahr 'ne lustige Geschichte:

Auf 'nem Antikmarkt in Steinhude
Stand ich neulich vor 'ner Bude.
Entdeckte jene Skulptur da
Aus einer Wurzel in natura.
Sie hat es mir gleich angetan;
Herr X. … bot sie für nur 17 Euro an!
Ich erstand sie ganz spontan.
Konnt´ mich des Eindrucks nicht erwehren,
Als sei er froh, sie loszuwerden!

Monika sah sie kurz an
Mit einem Blick:
Was schleppst du da schon wieder an?!
Die bringst du sofort zurück!
So glatt poliert und mit Lasur!
Was für Formen - - - so verwegen!
Wohin willst du die denn legen?
Nichtsdestotrotz: Ich blieb da stur!
Kauf ist Kauf – welch´ schönes Holz!
Sprach ich – nicht ganz ohne Stolz.

Beim Weitergehen, Weiterschlendern
Ein zweiter Blick auf dieses Kunstobjekt:
Da schien's mir plötzlich auch suspekt!
Musst' ich ganz schnell die Ansicht ändern.
Denn ich hatte was entdeckt,
Das man an sich… zu gern versteckt.
Und so verbarg ich meine Beute
Vor all' den Blicken anderer Leute!

Halt ich das Ding mal in den Händen,
Zeigt ein Penis wahre Größe.
Bin ich versucht, dies abzuwenden,
Enthüllt sich eines Leibes Blöße.
Dann erkennt man – selbst von fern
Des holden Weibes dunklen Kern!

Mehr Frust als Lust – hier das Obszöne
Wenn du es musst, lob' du die Schöne! –
Erst betörend, dann verstörend!
Siehst du nur die äußere Schale
Fliegst du unversehens – so mit einem Male
Hinein in diese Venus-fliegen-falle!
Verflixt – Herr X. hat, wie ihr alle seht,
Die Nixe fix mir angedreht – zu spät!

Ich kann indessen nicht verhehlen:
Hätt' ich sie nicht, sie tät' mir fehlen!
Will ich aufs Dichten
Denn verzichten? – Mitnichten!
Sie fiel so leicht mir in den Schoß –
Lässt mich vielleicht… nicht wieder los!

Scheinheilig liegt sie vor mir – so in natura:
Sie sei ja bloß – eine Madonna obscura!
Ich hab' darüber nachgedacht:
Ist sie gar jene dunkle Macht,
Die mir so arg zu schaffen macht?
Ich darf jetzt dichten – Tag und Nacht!

Ist das Weibsbild 'ne Dryade?
Schwebt sie als Nymphe in dem Baum,
Geisterhaft wie in der Griechensage,
Trugbild oder bloßer Traum?
Sie ist verwurzelt jetzt – wie schade!
Ach wie so trügerisch… ist die Figur da!
Ach ist doch nur… das Steinhuder Luder!

Dietrich Krome

Einander

Lasst uns finden – zueinander,
Und erfreuen – aneinander.
Leid ertragen – miteinander,
Uns dann kümmern – umeinander.
Rücksicht nehmen – aufeinander,
Auch mal lernen – voneinander.
Da sein immer – füreinander,
Lieben einfach so – einander.

Dietrich Krome

Das kleine Reim-mal-Eins

Als Eins steh´ ich schon ziemlich keck
So einfach mal ganz vorneweg.
Ich bin als Primzahl immer wichtig
Vor mir ist alles null und nichtig!
Ich bin ein Single, ein Individuum –
Mich umgibt ein besonderes Fluidum!
Ohne mich könnt´ ihr nicht weiterzählen,
Und solltet ihr euch noch so quälen!

Aus Einzelnen wird leicht ein Paar.
Ob rechts und links, ob Mann und Frau
Die Zwei passt auch als Gegenpol genau:
Plus oder minus, falsch oder wahr?

Aller guten Dinge sind halt drei!
Die Drei stellt sich der Zwei zur Seite
Maßvoll stets in Länge, Höhe, Breite.

Die Vier orientiert sich am besten
Nach Norden, Osten, Süden, Westen:
Zwei Zweien hält sie hier parat,
Formt nebenbei mal ein Quadrat.

Mit fünf Sinnen kann man hören, sehen,
Riechen, tasten, schmecken – auch verstehen?
Fünf Finger, Zehen sind an Hand und Bein.
Lasst alle fünf mal gerade sein!
Doch pi mal Daumen – das geht daneben!

Sie allein habe das richtige Bauchgefühl,
Meint selbstbewusst erst jetzt die Sechs.
Und bringt den sechsten Sinn ins Spiel.
Manchmal hat man beim Würfeln Glück,
Fällt die gewünschte Zahl im Augenblick!
Verflixt – im andern Fall ist es verhext!

Mit Siebenmeilenstiefeln nun zur Sieben!
Auf Wolke sieben dahinzuschweben –
Ein jeder träumt davon im Leben.
Mystisch erscheint die Sieben als Zahl:
Weltwunder, Meere, all diese Plagen,
Die Woche halt mit sieben Tagen.
Zwerge im Märchen – das war einmal!

Passt nun gut auf und gebt mal acht,
Die Acht hat sich was ausgedacht:
Sie hätt´ zwei Vieren mal versteckt!
Doch nein – es seien ja vier kleine Zweien!
Nein, nein – sie hätt´ nur eine Zwei entdeckt,
Hoch oben dort – so in Etage drei!
Selbst einmal auf den Kopf gestellt,
Bleibt sie stets gleich in ihrer Zahlenwelt!

Dreht man die Sechs einmal herum,
Erscheint die Neun – die Sechs ist weg.
Drei, sechs und neun – gar nicht so dumm!
Was ihr vermutlich noch nicht wisst:
Wirst du von einer Muse je geküsst,
Ist neun das höchste der Gefühle,
Weißt du zwar mehr – doch ist es Liebe?
Man muss nicht alles gleich verstehen!
Es wartet nämlich schon die Zehn.

Die Null meldet sich zuletzt zu Wort:
Sie sei schon länger hier vor Ort.
Am liebsten stelle sie sich hinten an.
X-mal hätte sie´s bereits getan!
Macht logisch damit alles richtig:
Ihr Wert ist keinesfalls so null und nichtig!
Die Eins voraus – die Null sodann:
Sie sind ein ideales Gespann.
Beim Rechnen somit allererste Wahl!
Denkt drüber nach – das nächste Mal!

Dietrich Krome

Süntelbuchen

Solltest du nach Gründen suchen,
In Bad Nenndorf mal zu kuren,
Geh´ zur Allee der Süntelbuchen!
Mit Saft und Kraft schafft die Natur
Sich hier ureigene Skulpturen.
Nicht hoch, doch breit – teils abgehoben
Als Teufelsholz sagenumwoben
Sind sie des Ortes ganzer Stolz.

Lass´ dich mystisch mal umfangen
Von überlangen Riesenschlangen!
Die Buchen wachsen kreuz und quer,
Als strebten sie nicht sehr nach oben,
Verbinden sich im Mutterboden.
Wie haltlos wären sie allein!
Nimm einfach hier auf Schritt und Tritt
Ein jedes Bild in dir gleich mit.

Wähnst du dich mal im Hexenwald,
Du findest schon heraus alsbald.
Ist ja ein lichter Buchenhain!
Gekrümmt der Pfad, wohl ihretwegen,
Verschlungen wie auf Lebenswegen.
Bist du am Ziel, halt einmal ein:
Verweile – für einen Augenblick –
Geh´ dann zurück – ganz ohne Eile.

Dietrich Krome

Stille

Wenn wir nachts einmal in uns gehen,
Und dieser absoluten Stille lauschen,
Vernehmen wir ein Sirren, leises Rauschen.
Ist es der ferne Widerhall,
Von jenem Urknall in dem All?
Von all den Sternen, die vergehen?

Was ist der Sinn in unserem Leben?
Uns ist Bewusstsein schon gegeben:
Wir sollten stets nach Höherem streben!
Und willens sein wie auch bereit,
Zu nutzen die verbliebene Zeit.

Cogito ergo sum – ich denke, also bin ich
Ein winziges Teil im Universum!
Wir sind nicht blind, wir sind nicht taub,
Sind wir denn nicht aus Sternenstaub?

Dietrich Krome

Miezekatze

Sie schnurrt ein wenig vor sich hin,
Ruht in sich – so an allen Tagen,
Entspannt und voller Wohlbehagen,
Ist sie doch deine Königin.

Bisweilen ist sie dir zugeneigt,
Du verstehst – und wartest still,
Dass sie dir ihre Gunst mal zeigt,
Hingegen nur, wenn sie es will.

So anschmiegsam in deinem Schoß,
Scheint es ihr gerade angenehm.
Und kurz darauf doch unbequem,
Ein Sprung – du bist sie wieder los.

Schwuppdiwupp – mit einem Satz
Belegt sie ihren Lieblingsplatz.
Das ganze Haus ist ihr Revier,
Gehört nur ihr – dies merke dir!

Wie geschmeidig und behände
Streift sie durch unwegsames Gelände!
Leichtfüßig, leise und geschickt,
Ist ihr manch Beutezug geglückt.

Unhörbar auf den samtenen Pfoten
Fängt sie, was eigentlich verboten.
Und Vorsicht vor den Katzentatzen!
Diese Krallen können kratzen.

Wie schön ist es, ihr zuzuschauen:
Sie fühlt sich bei dir wohl geborgen.
Du wirst sie weiterhin umsorgen –
Hörst du nicht gerade ihr Miauen?

Dietrich Krome

Zum 64. – ein Rechenspiel

64 – ausgerechnet diese Zahl
Erstaunt so – ein ums andere Mal.
Du musstest lang genug drauf warten,
Kennst du doch alle Rechenarten!

Sechs plus vier ist ja gleich zehn
In unserem Dezimalsystem.
Wie all´ die Jahre auch enteilen,
Lasst freudig sie uns mit dir teilen.

Was immer du auch von ihr hältst:
Die Zwei erhöht sich wie von selbst.
Gar sechsfach hoch versteckt sie sich
Ganz logisch so – in 64.

Die gibt sich gleich noch einmal hin,
Soll man die Wurzel aus ihr zieh´n.
Denn andersrum diesmal gedacht,
Ist´s ein Quadrat aus acht mal acht!

Das Leben ist ein Würfelspiel:
Fällt dreimal jetzt auch noch die Vier,
Errechnet sich nun das Volumen:
Ist das nicht wohl ein gutes Omen?

Die 64 ist gecheckt.
Wer hat sich das denn ausgeheckt?
Sie ist Station auf deines Lebens Reise:
Du hast´s erkannt – so klugerweise.

Dietrich Krome

Acht

Von all den Zahlen eins bis zehn
Ist grad´ die Acht so zeitlos schön.
Wie eine Mondsichel gebogen,
Wird sie nach unten hingezogen.
Gleitet nun auf ihrer Bahn,
Schwingt sich herum – und wendet dann.
Berührt den Boden kaum,
Gewinnt an Höhe und an Raum.
Kreuzt gerade noch die erste Bahn,
Kommt schließlich oben wieder an.
Wie sich die Acht auch dreht und wendet,
Die Schleifen sind stets formvollendet.
Eng verbunden zu zwei Ringen
Soll sie stets Glück im Leben bringen,
Auch Liebenden, die sich gefunden.
Die Hohe Acht, Berg in der Eifel
Hat ohne den geringsten Zweifel
Es so eben nicht geschafft.
Ihr fehlte wohl die letzte Kraft!
Sie ist bei Höhe sieben vier sieben,
So mir nichts dir nichts,
Stehen geblieben.
Dreimal acht, die Vier als Rest:
Am höchsten ist der Everest.
Dort oben auf dem Dach der Welt,
Wölbt sich wie überall das Sternenzelt.

Legt man die Acht ganz achtsam hin,
Macht sie sogleich unendlich Sinn.
All die zig Milliarden Sterne,
Die entstehen und vergehen,
Scheinbar nah – doch unerreichbar
Ziehen auf Achterbahnen in der Ferne.
Unfassbar der Raum in dieser Galaxie,
Die als Acht, als wahrhaft geniale,

Sich um die eigene Achse schwingt
In einer schier endlosen Spirale!
Sie nimmt die Sonne wunderbarerweise
Ganz einfach mit auf diese lange Reise.
Zahllose Achten in Spiralen,
Inseln im Weltenmeer,
Entstanden vor Milliarden Jahren,
Pendeln magisch hin und her:
Platz ist da und der Raum so leer!
Wer kann das je verstehen?
Dies Universum ist Mysterium!
Und die Zeit scheint stillzustehen.
Die Acht beflügelt unsere Phantasie:
Führt sie doch gleich auf einen Blick
Auf allen Anfang uns zurück.
Gleichwohl – so als Symbol für alle Zeiten
Wird sie uns ewig – auf ihre Art begleiten.

Dietrich Krome

Aneinander – Ineinander

Geratet ihr mal – aneinander,
Geht dann nicht wortlos – auseinander.
Seid tolerant doch – zueinander.
Noch ist es Zeit – verzeiht einander.
Redet offen, fair – miteinander,
So habt ihr viel mehr – voneinander.
Erinnert euch – umarmt einander,
Dann fügt sich alles – ineinander.

Dietrich Krome

Die stille Macht der Poesie

Seit es den Musen einst gefiel,
Der Worte Klang, Gesang, das Saitenspiel:
Es sind die lauten Töne nicht, vielmehr die leisen.
Recht hinzuhören ist das Ziel.

Wie zart, wie federleicht ist Poesie!
Sie schwebt dahin – so in Gedanken:
Hebe du den Schatz dort drinnen,
Beginne nun, ein Netz zu spinnen!

Was willst du eigentlich erzählen?
Hast du dieses erst erdacht,
Ist schon ein Anfang mal gemacht.
Du bist so frei, es auszuwählen.

Wie jetzt die richtigen Worte finden,
Und miteinander zu verbinden?
Spät legst du abends dich zur Ruh´,
Den Träumen nah, die Augen zu.

Die Musen sind dir wohl gewogen,
Winken dir als Lichtgestalten –
Du versuchst sie festzuhalten,
Noch ehe sie im Nichts verflogen.

Soeben um den Schlaf gebracht,
Schreibst du es nieder mit Bedacht.
Du liest es laut, du liest es leise,
Genießt es so – auf deine Weise.

Es scheint perfekt, da ist längst Nacht.
Du bist zwar froh, indes nicht weise.
Wie anders klingt es dir im Ohr,
Liest du es morgens nochmal vor.

Musst du die Stimme heben oder senken?
Dir kommen da erneut Bedenken.
Was eben noch so stimmig klang,
Entpuppt sich jetzt als Abgesang.

Gerade erst mit Stolz entworfen
Wird es nun voller Frust verworfen.
Wörter wirken so verloren,
Wenn du sie sinnvoll nicht ergänzt.

Mit andern Worten – unsagbar leer.
Es gilt das Mühen umso mehr.
Wo ist er denn, der Stein der Weisen?
Such´ auch nach dem, was innen glänzt!

Drum frisch gewagt und neu versucht,
Die süße Frucht lockt – ist eine Sucht!
Und wie von einem Zwang beseelt,
Fühlst du dich lustvoll fast gequält.

Es passt noch nicht, beeil dich jetzt,
Denn dies Gedicht – du fasst es nicht,
Hat dich im Griff – ja bis zuletzt.
Du bist in seinem Netz verfangen.

Eins hast du immerhin entdeckt,
Nichts was entsteht, ist gleich perfekt.
Im Innern spürst du dieses schon:
Die Schaffensfreude ist der Lohn.

Dietrich Krome

Zeit

Ein Strom von Tausenden Sekunden
Fließt dahin – so ungehindert –
Nichts vermag ihn aufzuhalten:
Es ist die eigene, unsere Zeit.

Was vor uns liegt, erscheint so weit,
Voll Zweifel und auch Zuversicht.
Allein die Ungewissheit ist gewiss,
Die Zeit verrinnt, man spürt es nicht.

Ein Schmerz – gerade tief empfunden,
Wird irgendwann auch mal gelindert –
Mit jedem Tag und jeder Nacht.
Die Zeit heilt schließlich alle Wunden.

Wo sind die Jahre denn geblieben,
Was haben sie aus uns gemacht?
Wer sehnte sich nicht mal zurück –
Nach jener Zeit einst – voller Glück!

Dietrich Krome

Zeitenwende

Wenn Dürrezeiten, Sommerhitze,
Herbstorkane, Frühlingsblitze,
Klimawandel, Wasserfluten
Uns Signale senden – keine guten:
Dann ist es höchste Zeit zu handeln,
Da wir auf schmalem Grat hier wandern.

Wenn Arten sterben, Wälder brennen,
Wir Land und Luft, das Meer verseuchen,
So viel verschwenden, nichts erkennen,
Zwar alles sehen – nichts verstehen:
Dann gnade all den Enkelkindern,
Die sich dereinst an uns erinnern.

Wenn wir heute – blind und taub –
Uns so verhalten, als sei die Welt
Alleine uns hier vorbehalten –
Dann ist bald alles wüst und leer.
Seid nicht so sorglos – unbekümmert,
Sonst hilft womöglich gar nichts mehr.

Wacht endlich auf, zeigt Widerstand,
Seid einig dabei Hand in Hand!
Nehmt die Mächtigen bei ihrem Wort:
Besteht darauf, nichts aufzuschieben!
Handeln heißt es – hier sofort –
Es hilft kein Zögern nach Belieben.

Schaut hin – auf alles um euch her –
Warum braucht ihr denn so viel mehr!
Die Natur, sie bleibt ja letztlich
Für jeden Menschen unersetzlich.
Auch wenn ihr das zurzeit nicht seht,
Ist es vielleicht dann grad zu spät!

Zwar kann die Welt uns noch ertragen,
Doch zählt das Sein und nicht das Haben.
Ein jeder prüfe stets darum,
Was kann er selbst jetzt dafür tun,
Dass Schlimmeres verhütet werde:
Ihr habt nur diese eine Erde!

Deborah Rosen

Regenbogen

In den Wolken schwimmen,
um dem Leben zu entrinnen
Auf Wellen tanzen,
um sich nicht vor der Welt zu verschanzen
An der Wasseruhr die Zeit verstellen,
um dem Tag die Stunden zu prellen
In Pfützen steppen,
dabei den Hals in den Himmel strecken
Auf dem Regenbogen surfen
über ihn rutschen, ihn zu benutzen,
um in einen Traum zu flutschen,
indem Tränen auf Billardtischen
und goldenen Fischen
sich den Sand aus den Augen wischen

Hans Sonntag

Alleinsein

Alleinsein mit allen Ängsten,
viel zu oft in den Zeiten.
Schutz suchend in Schattenwelten,
in Worten und Klängen auch.

Alleinsein erweckte Sehnsüchte
nach Gesprächen tagsüber und nachts,
Fremdheiten fragend begegnen,
sich finden in anderen Leben.

Einsamkeit zu überwinden
als Auflösung von Grenzen,
auch Zerstörung von Illusionen
im alltäglichen Chaos des Seins.

Nicht im Alleinsein zerbrechen
verbrennt Zeit und Kraft,
aber die Hoffnung bleibt
als Wunder in uns.

Hans Sonntag

Anfang und Ende

Von dem du sprachst
in Eigenheit und Lust,
den gab es immer wieder,
trotz Wut und Hass und Angst
in Not und Liebe immerdar,
bis hin zum Farbenfeuerherbst,
den Winter aber schon allein
in dunkelfeuchter Gruft
namenlos verbracht.

30

Hans Sonntag

Letztes Gebet

Liebste Schwester, lieber Bruder
erfüllt mir meinen letzten Wunsch:
Wascht mir mit kaltem Wasser
Gesicht, Brust und beide Beine,
danach weht ihr mit einem Föhn
kalte Luft direkt auf mich,
dass ich das beglückende Gefühl
im Wasser leicht zu schwimmen habe
und langsam kann ich endlich
in die Welt des Meeres untergehen,
ohne zu atmen und befreit
von allen Schmerzen dieser Welt,
anzukommen im unendlichen Glück
des Ozeans dieser Erde.

Hans Sonntag

Klavierzauber

Gefangen im Netzwerk
der schwarzweißen Tasten:
Verzweiflung in der Einsamkeit
und lustvoller Freude auch.

Aus Tränen und Glück
in Noten geboren,
vereint in der Zauberkette
bis der letzte Ton verstummt.

Wortlose Musik verweht
uns in vergangene Zeiten,
aber auch in unsere schmerzhafte
heutige Welt der Verlorenheit.

Hans Sonntag

Giftiger Cocktail

Drei Jahrzehnte lang
buntspaßige Verdummung,
gemischt als Cocktail
aus Lügen, Phrasen und Gier.

Aus Zorn, Ohnmacht und Angst
wucherte im Treibhaus Hass
als Frucht der neuen Zeit
von Wort zu Wort und Tat zu Tat.

Hans Sonntag

Dornenreich

Immer habe ich Dornen
in der Wortarbeit,
im Sprechen auch,
im Herzen sowieso.

Kann mich nicht schützen,
ertrage die Schmerzen
alle Tage und Nächte
mit Flüchen bedacht.

Nicht nur Rosen
stechen mich tief,
fremde Gewächse auch
gleich woher sie kamen.

Hans Sonntag

Suchen und finden

Feinde wurden immer gefunden,
weil emsig danach gesucht.
Im Dickicht halbdunkler Reden
wuchsen die giftigen Pilze
für die Todesmahlzeiten
der ahnungslos gezeugten und
gezüchteten Generationen.

Hans Sonntag

Vom Osten her

Geboren am nahenden Ende
des deutschen Feldzugs im Osten,
gezeugt von einem jungen Soldaten,
der Russisch zu übersetzen hatte
in seine deutsche Sprache.

Zu lange kannte ich ihn nicht,
als ich ihn später kennenlernte
jenseits der verminten Grenzen,
holte ihn die vergangene Zeit nicht ein,
sondern der Tod nahm ihn mir.

Älter als er bin ich geworden,
aber die Zeit liegt schwarz verrußt
auf meiner Hoffnung zu erfahren
von meinen Wurzeln im Osten,
ausradiert durch deutsche Soldaten.

Hans Sonntag

Kommunismus als Wunder

Wir lebten nicht im Kommunismus,
das Ziel war viel zu weit entfernt.
Wir lebten noch nicht in einer
klassen- und geldlosen Gesellschaft.
Noch gab es Arbeiter und Bauern,
Geistliche und Intellektuelle.
Wir konnten nicht frei nach
unseren Bedürfnissen leben.
Es gab keine freie Entwicklung
des Einzelnen als Bedingung
für die freie Entwicklung aller.
Wir wurden nicht sprachlos
über behauptete Dummheiten,
aber wütend über die Lügen,
denn wir lebten von 1949 bis 1989
in diesem Zwischenland.

Hans Sonntag

Macht und Opium

Nicht mehr die Richter
und Henker von vorvorgestern,
sondern die Lenker und Denker,
dubiosen Experten einer christlich
geprägten Wertegesellschaft
brauchen noch immer für ihre
kapitalen Machtansprüche
die Religion als Opium fürs Volk,
denn die Mehrheit des Volkes
sind noch immer Lohnarbeiter,
sie lassen fast noch immer alles zu,
was dennoch nicht ewig bleiben wird.

Hans Sonntag

Prachtvoller Bio-Humus

Endlich leben wir glücklosen
Ossis auf im westlichen Humus,
aus dem sich kraftvoll alles
prachtvoll entwickelte.
Christliche Werte werden lautstark
referiert, aber nicht gelebt,
bezahlt auch vom Steuergeld
der ungläubig Andersdenkenden.
Die Gläubigen verkaufen noch immer
sich selbst als Ware im System der Macht.
Die letzten Atemzüge von Jesus
werden in Flaschen und Dosen
im Biomarkt der sich leerenden
Kirchen scheinheilig verkauft.

Hans Sonntag

Rätselhaft

Die großen Politikwächter
sprechen vom Unrechtsstaat,
in dem wir lebten und litten.
Der sprach- und mediengeile
Professor behauptet ernsthaft,
wir lebten bis 1989 im Kommunismus.
Aber wir waren keine freien Bürger
in einer klassenlosen Gesellschaft.
Unser Leben im Osten bleibt
ein rätselhaftes Wunder.

Hans Sonntag

Kreisläufe

Ich will nicht lachen müssen,
wenn ich traurig bin.
Ich kann nichts erfragen,
was peinlich sein könnte.
Ich fahre nicht dorthin,
wo mich nichts interessiert.
Ich liebe jedes Jahr
alle vier Jahreszeiten.
Ich sehne mich nach Musik,
die mich berührt.
Ich schwimme im Meer,
auch wenn ich Angst habe.
Finde ich keine Antwort,
schreibe ich Gedichte.
Wenn mein Körper streikt,
mache ich Gymnastik.
Denke ich an die Gegangenen,
muss ich lachen und weinen.
Nie fühlte ich mich fremd,
in einem anderen Land.
Wenn ich ein Buch lese,
spreche ich lautlos mit dem Autor.
Sollte ich Wut haben,
finde ich üble Worte.
Wenn Politiker glauben,
dann lügen sie sicherlich.
Wir einstigen Volkseigentümer
wurden blitzschnell Bettler.
In jedem Fluch wacht immer
auch eine kleine Hoffnung.

Hans Sonntag

Bei Chopin

Sein Land blieb
bis zum letzten Atemzug
in ihm als Sprache.
Seine Gedanken
und sein einsames Herz
erweckten die Töne
aus Verzweiflung
und Sehnsucht.
Wörter wanderten
auf Wegen hin zum Fluss
in ferner Heimat
mit dem Lächeln und Staunen
seiner sonnigen polnischen
Kindheit und Jugend.
Seine Träume erwachen
und leben fort in uns
wenn wir ostwärts sind
Schönheit zu finden
in Stille und Harmonie.
Seine und unsere Zeit
verstehend zu leben
als Rufe nach Liebe.

Hans Sonntag

Und Gottes Wille geschah

Deutschland erlosch
für immer blitzschnell
im atomaren Feuersturm.

Kein Mensch blieb übrig,
Häuser, Wälder, Tiere und Flüsse
verglühten in prächtigem Licht.

Das atomare Wüstenwunder ruht
strahlend noch in vielen tausend Jahren
und alle Welt jubelt froh darüber.

Glückwünsche rasen um die Welt,
endlich ist die Menschheit befreit
von diesem Land und dessen Menschen.

Die Vernichtung Deutschlands
wurde von der UNO zum internationalen
„red-letter day" für allen Nationen erklärt.

In Gottes herrlichen Bethäusern
flimmern weltweit auf allen Altären
die Bilder des Untergangs in Ewigkeit.

Hans Sonntag

Letzter Wunsch

Fortgehen von hier,
wo ich einst geboren.
Die Zeiten ungehbar geworden
durch Gewalt und Hass.
Aus den Mündern sprudeln
Lügen wie vergifteter Wein.
Unser Leben qualvoll von Anbeginn,
wir waren nur Nummern und Stücke,
mussten bleiben nach den Gesetzen
der Arbeiter und Bauern,
sie waren die Mächtigen in diesem
Unrechtsstaat und genossen ihre Privilegien
bis zur letzten Stunde ihrer Existenz.

Hans Sonntag

Einst und Jetzt

Das in mir versunkene Land
meiner Sehnsüchte und Träume
erwachte wieder in der Sprache -
einst Dynamit und Hoffnungsschrei.
Alle feierten ihre Siege
im Konsumrausch des Habenwollens.
Egoismus überwucherte die Herzen,
Visionen vereisten im Alltäglichen,
aber Weihrauch nebelte wie einst,
helfende Hände erstarrten im Gebet.
Die glückverheißenden kraftvollen Rufe
der Massen nach Freiheit
verhallten plötzlich in der Welt des Geldes.
Hans Sonntag

Hans Sonntag

Vulkane und Agaven

Im ruhenden Muschelberg
nahe der schlafenden Vulkane
bleiben unsere Fingerabdrücke
auf den moosigen Schalen.

Der Weg am verstummten Vulkan
gesäumt von uralten Lavabrocken
wird mahnende Erinnerung
an unser riskantes Leben.

In absoluter Lautlosigkeit
erlischt unsere Sprache,
die Weite über Land und Meer
versinkt in unseren Augen.

Winzige Blüten sind Lichter
im Todesrausch der Agaven.
Glitzernde Eidechsen wärmen sich
im schwarzen Lavalabyrinth.

Hans Sonntag

In Netzwerken

Alle Fragen drängten mutig
nach ehrlichen Antworten
auf den rostigen Schienen
während der rotsternigen Zeit.

Zweifel wurden Bausteine
für vergitterte Gebäude,
trotzdem blieben wir im Chaos
der stupiden Netzwerke.

Um Lügen zu entlarven
trugen wir alle Masken,
ohne Chancen zu haben
auf Veränderungen.

Samuel Betsayyad

Berg und Tal

Einst flog ich über Berg und Tal
Vorbei an Wolken und Gestirnen
Der Blick in des Himmels Saal
An den kann ich mich erinnern

Der Mensch
So klein von oben zu betrachten
Es fällt nicht leicht die Würde
Des Einzelnen zu beachten

Der Himmel ist uns nah
Da wird niemand widersprechen
Einst wird der Schöpfer
Mit uns allen rechten

Ob klein, ob groß
So sei gewiss
Kein Mensch
Ist auf Erden bedeutungslos

Lebe dein Leben
Auch für andere Menschen
So wird das Schicksal sich
Einst für dich wenden

Petra Dobrovolny-Mühlenbach

Ein Gedichtband ist wie ein Freund

Ein Gedichtband
ist wie ein Freund.
Er reicht dir die Hand
über die Seiten hinaus
und bewirkt, dass du
dich fühlst zu Haus.

Bescheiden reiht er sich
in dein Bücherregal ein,
zwinkert dir zu
ab und zu
und lädt dich ein:
„Schau' doch wieder mal
herein
zur Erbauung deiner Seele,
auf dass es ihr und dir
an Herzensnahrung
nicht fehle!"

Ein Gedichtband
ist wie ein Freund.
Er reicht dir die Hand
über die Seiten hinaus
und bewirkt auf seine Art
artig und fein,
dass du dich nicht mehr fühlst allein.
Und er bewirkt ganz leise,
dass du dich fühlst bescheiden weise.

Ein Gedichtband zwinkert dir zu:
„Setz' dich mal hin
und lies in aller Ruh'
meine Botschaft von Liebe und Frieden.
Dann mag dich nichts mehr betrüben!"

Drum schickt Gedichte um die Welt,
damit sie nicht auseinanderfällt.
Gedichte vereinen euch in Frieden.
Ihr möchtet euch nur noch in den Armen liegen.

Gedichte
bringen das Menschliche ans Lichte,
auf dass es scheine ewiglich
in jedem Herzen
und in der ganzen Welt,
auf dass sie in Kriegen
nicht nur innehält,
sondern ganz und gar davon absieht.
Es ist der Frieden, der siegt!

Gebt dies den Kindern weiter,
auf dass sie dichten mögen
heiter weiter
und mögen lesen Gedichte
im Lichte
des Friedens und der Liebe.

Ein Gedichtband ist wie ein Freund.
Er reicht dir die Hand
über die Seiten hinaus
und wirkt in dein Herz hinein.
Was gibt es Schöneres
als mit einem Gedichtband
in der Hand
einfach zu träumen
und zu sein?

Petra Dobrovolny-Mühlenbach

Vor-Wort

So viele Worte
fliessen mir durch
Herz, Geist und Hand
zum richtigen Orte
hier auf's Papier …

… und weiter in des Nächsten Herz.
Drum rat' ich dir:
Halt' in Ehren Worte und Papier
als Mittler von Herz zu Herz
zur Heilung von Schmerz
oder zum Schmunzeln über einen Scherz.

Mögen diese Seiten
zur Erbauung der Seele
sich verbreiten.

Petra Dobrovolny-Mühlenbach

Tee mit Lyrik

Du bist eingeladen
zur Teestunde.
Erstaunt schaust du in die Runde:

Gäste sind gekommen
aus nah' und fern,
denn alle haben
Tee mit Lyrik gern.

Petra Dobrovolny-Mühlenbach

Deine Werke

Deine Werke werden dich überdauern,
du brauchst den Strapazen nicht nachzutrauern.
Manches hast du dir abgerungen,
so sehr warst du von deiner Lebensaufgabe durchdrungen.

Von nun an herrschen Freude und Leichtigkeit,
und du schaust zurück in Dankbarkeit.
Deine Werke kannst du in die ganze Welt zerstreu'n,
und es wird dich kein Aufwand reu'n.
Sie sprechen zu den Herzen der Menschen,
und sie werden sich deine Werke
einander schenken.

Deinen Lohn erhältst du mannigfach
doch anders zurück
als du gedacht!

Petra Dobrovolny-Mühlenbach

Wolke 9

Dein Traum schwebt auf Wolke Neun.
Ein neuer Kreis
in deinem Leben beginnt.
Du kannst dich darüber nur noch freu'n:
Das Alte versinkt,
das Neue beginnt.

Petra Dobrovolny-Mühlenbach

Dein Leben ist wie ein Gedicht

Dein Leben ist wie ein Gedicht:
Vers um Vers
reiht sich aneinander,
und es gibt kein Durcheinander
in Gottes ew'gem Plan.

Ob du es glaubst oder nicht:
Dein Leben ist wie ein Gedicht!
Es gibt zwar manchmal Stolperverse
und Kreuzungen mit Entscheidungen,
zu denen du dich durchgerungen.
Doch bist du immer ganz durchdrungen
vom Sinn oder der Suche danach.

Zu Beginn steht der erste Vers,
bald fügt sich Zeile um Zeile,
manchmal dauert es zwar eine Weile,
doch am Schluss siehst du alles ganz,
dies ist kein unsinniger Firlefanz:
Wort für Wort gereiht von Gottes Hand.
Am Schluss erkennst du dich
und dass du bist
SEIN Gedicht.

Petra Dobrovolny-Mühlenbach

Was Mutter Erde dir flüstert (1)

Das Gestern ist vergangen!
Nun musst du nicht mehr bangen.
Das Heute und das Morgen
kommen zu dir
ohne Sorgen.

Dein Leben ist ein Segen!
Der Himmel schüttet aus den Regen,
auf dass gedeih'n mag in Fülle dir
Reichtum und Liebe! Das glaube mir!

Deine Mutter Erde

Petra Dobrovolny-Mühlenbach

Der Krokus

Der Krokus bekommt von der Sonne
einen Kuss,
damit er voller Wonne
seine Blüte öffne zum Sonnengruss.

Wann lässt du dich
von der Sonne küssen,
damit deine Blätter spriessen?

Du bist sicher verwurzelt in der Erde.
Nun ist es Zeit:
Werde! Wachse und werde!

Petra Dobrovolny-Mühlenbach

Aufbruch

Zieh' einen Strich unter dein Leben
und fang ein neues an!
Vergiss die alten Erdbeben
und was dir manche haben angetan!

Jetzt ist eine neue Zeit:
Mach' dich bereit!
Nimm den Wanderstab
und geh' von hier fort.
Es wartet auf dich ein and'rer Ort
der Liebe und der Freude!

Die Engel sind mit dir
morgen und heute.

Petra Dobrovolny-Mühlenbach

Dein innerer Wachhund

Der Nadelstiche in dein Herz
waren viele.
Du warst nicht darauf vorbereitet,
dass die Welt dir soviel Schmerz bereitet.
Doch geheilt haben dein Herz deine Tränen.
Du brauchst dich ihrer nicht zu schämen:
Denn geweckt haben sie
deinen inneren Wachhund.
Und heute ist dein Herz gesund.

Der treue Kerl immer Wache hält
und lässt nicht zu,
dass dich verletzt die Welt.

Petra Dobrovolny-Mühlenbach

Das Herz der Eiche

In meine knorrige Rinde
kann kein Liebespaar
ein Herz ritzen.

Nun hab' ich selbst für dich
ein Herz gemalt auf meine Rinde!
Mög' es dich erfreu'n, mein Kinde!

Gehst du achtsam durch Wald und Flur,
dir manches Herz entgegenkommt.
Wund're dich nur!
Vieles kannst du entdecken,
was dein Herz wird wecken!

Petra Dobrovolny-Mühlenbach

Was die Eiche dir flüstert (2)*

Ich war schon vor dir hier
und werd's auch nach dir sein.

Auf Erden durchschreitest
du viele Räume ...
Wenn du magst,
werden wir Bäume
auf dieser Reise deine Freunde.

Schenken werden dir
Weisheit und Frieden,
auf dass deine Reise
werde Freude und Vergnügen!

Deine Freundin, die Eiche

* Das Gedicht „Was die Eiche dir flüstert" (1) wurde im Gedichtband „In der Blütenwelt flanieren" 2019 veröffentlicht.

Petra Dobrovolny-Mühlenbach

Was die Eiche dir flüstert (3)

Du kannst immer wieder zu mir kommen
und mich fragen um Rat.
Er wird dich unterstützen bei deiner Tat.

Geh' off'nen Herzens durch die Welt
uns spür', dass dich dein Liebster liebevoll hält.
Geht gemeinsam Hand in Hand
und Schritt für Schritt.

Die Engel beschützen euch
und kommen immer mit.
Deine Freundin, die Eiche

Petra Dobrovolny-Mühlenbach

Wettkampf der Jahreszeiten

Des Frühlings blaues Band
ist bekannt in Stadt und Land.
Was hat da der Sommer schon zu bieten?
Er wird wegen seiner zu grossen Hitze
lieber gemieden.
Der Herbst treibt's lieber bunt statt blau,
der Winter hüllt alles in Weiss und Grau.

Bis der Frühling sacht erwacht
und dein Herz erfreut mit neuer Pracht.
So bleibt der Frühling der Favorit,
den man über alles liebt.

Petra Dobrovolny-Mühlenbach

Unser blauer Planet

Unser blauer Planet
kracht aus allen Näht'.
Wir trampeln uns auf die Füsse,
es steigen an die Flüsse.
Entflieh'n können wir nicht,
es gibt auch kein Letztes Gericht,
noch einen letzten Gesang
zum Weltuntergang.
Viele machen weiter munter,
das Durcheinander wird kunterbunter.
Mutter Erde reinigt sich
mit Donner und Blitzen,
es bleibt kein Staubkorn
in den tiefsten Ritzen.

Auf die letzte Nacht
folgt der erste Tag.
Altes Land geht unter,
neues Land sich zeigen mag.

Noch zögernd setzen wir unseren Fuss
auf das neue Land …,
doch es gibt kein Fragen:
Wir werden sicher getragen!
Den Engeln sei Dank!
Es ist kein Untergang,
es ist ein Übergang
in eine neue Dimension.

Doch lange wussten wir nichts davon
oder dachten, wir bleiben verschont
von dieser heftigen Transformation.
Der Kalender der Maya hat Recht behalten:
Nichts bleibt mehr beim Alten!

Der neue Tag lächelt wie ein Kind,
das die Brust der Mutter endlich find.
Bei soviel Fülle und Pracht
ist es nicht mehr möglich zu streiten um die Macht!
Wir reichen einander die Hände,
und Glück und Frieden sind ohne Ende.

Petra Dobrovolny-Mühlenbach

Was der Meteorit dir flüstert

Ich bin ein von weither Gereister,
ich wirke in deine Träume,
öffne dir neue Räume
und Dimensionen.
Es wird sich lohnen!

Bist du bereit?
Dann reisen wir zu Zweit.

Dein Freund, der Meteorit

Petra Dobrovolny-Mühlenbach

Lächle wie Buddha

Buddha lehrt Gelassenheit
in jedem Streit.
Buddha lehrt Mitzufühlen,
deine Gefühle nicht zu unterkühlen
noch zu stark zu erhitzen.
Gelassenheit in deiner Mitte
bringt dich nicht ins Schwitzen.
Füg' noch ein sanftes Lächeln hinzu,
dann findet die Welt wieder ihre Ruh'.

Lächle sanft wie Buddha
oder wie von ihrem Bild
Mona Lisa.

Petra Dobrovolny-Mühlenbach

Die Entscheidung

Du hast alles überwunden.
Sämtliche Symptome sind verschwunden.
Und du gibst zu unumwunden:
„Es geht mir gut!
Ich muss nicht mehr sein auf der Hut!"

Deine vergang'nen Schmerzen
waren nicht zum Scherzen.
Dank Geduld und Durchhaltevermögen
konntest du sie ausmerzen.

Ungläubig sagen deine Freunde:
„Bei zu viel Lebensfreude
ist der Sturz vorprogrammiert!
Pass' auf, dass dir ja nichts passiert!"

Doch du sagst: „Nein!
Mein Herz jubiliert!
Es darf sich freuen
und muss nichts bereuen!
Ich entscheide mich ab heute
nur noch für die Lebensfreude.
Und wenn einmal nicht scheint die Sonne,
so bleibe ich in meiner Wonne!
Denn in meinem Herzen scheint sie ewiglich,
und in die Welt sie strahlt,
sodass sie einen Regenbogen
hoch oben an den Himmel malt."

Und durch die Reihen geht ein Staunen
und dann auch ein leises Raunen:
„Lebensfreude ist möglich! Wie sonderbar!
Und das auch noch Jahr für Jahr!"
Einige aber schütteln den Kopf
und meinen: „Ich bleibe lieber ein armer Tropf!"
Doch du hast dich anders entschieden:
Selbstmitleid wird gemieden.
Du hebst dein Glas in der Runde
auch in deiner Todesstunde
und sagst: „Auf das Leben und das Sterben!
Beide bringen kein Verderben!
Es gibt nur Freude und Fülle!"

Du hinterlässt deine sterbliche Hülle
und deine Seele schwebt
ins himmlische Paradies,
von wo aus du manchmal auf die Erde siehst.

Zu deinem Erstaunen prosten dir
viele von unten zu
und meinen: „Wir möchten sein wie du!"

Und du antwortest wieder:
„Auf dass vergehen möge euer Schmerz,
singt mir zu Ehren viele Lieder,
die erfreuen euer Herz!"

56

Petra Dobrovolny-Mühlenbach

Frühlingserwachen

Leg' dich ruhig noch auf's Ohr
und halte Winterschlaf
bis der Frühling mit neuer Flor
dich weckt,
und auf der Wiese blökt das Schaf.
Dann hörst du, wie die Vöglein singen,
ihre Lieder in deine Träume dringen.
An deiner Nase eine Fee dich kitzelt,
im Vorbeigeh'n ein Zwerg mit dir witzelt.

Von weitem ruft dich der Rabe:
„Pack' ein deine Habe
und wand're hinaus in die weite Welt,
bevor der nächste Winter kommt,
und wieder Schnee fällt."

Petra Dobrovolny-Mühlenbach

Himmlische Begleitung

Sachte, sachte,
alles kommt zu seiner Zeit!
Dann bist auch du bereit.
Geh' Schritt für Schritt!

Wir begleiten dich
auf jedem Tritt.

Deine Engel

Heidi Axel

Die Biene und die Hummel

Es sprach die Hummel einmal krass:
„Komm Biene, mach mich wild, du Aas."
Die Biene ganz erschrocken schaut:
„Dass sich die Hummel das so traut?
Was will sie eigentlich von mir?
Ich bin ganz anders, sag ichs ihr?
Ich bin ne Biene, keine Hummel
und da ist nichts mit Rumgefummel."
Die Biene sah die Hummel an
und lächelte verschmitzt:
„Nicht wahr, du hast jetzt nur gescherzt
mit deinem kleinen Witz?"
„Nein, nein das meint ich völlig ernst.
Das mit dem Rumgefummel.
Man könnte es mal ausprobiern!"
Obs klappen tät, die Biene mit der Hummel?
Eine Kostprobe gibt es noch!

Heidi Axel

Alt wird man langsam!

Alt werden will gelernt sein!
Alt werden merkt man nicht!
Die Jahreszeiten ziehen
dahin in ihrem eignen Licht.
Man macht nicht mehr so schnell,
macht langsam, nicht nur eventuell.
Man denkt oft lange, lange nach
und schiebt die Sorgen in das Fach
mit Sachen drin: „Die denk ich morgen!
Heute mach ich mir mal keine Sorgen!"
Alt werden ist nicht immer leicht,
denn manchmal denkt man:
„Ziel wirklich schon erreicht?
Das ist doch Schwachsinn so zu sein,
Ich bin noch lange nicht allein."
Dass Alter annehmen muss man lernen,
davon kann man sich nicht entfernen.
Ob ihrs glaubt oder nicht!
Ein gutes Alter ist auch eine Pflicht!

Heidi Axel

Frauenträume

Auch Frauen träumen manches Mal
sie ständen in 'nem großen Saal,
ein Kleid, das bis zum Boden geht
leicht, wie ne Feder, wenn sie schwebt.

Es kommt der nette Mister Rhight,
der strahlt sie an, sie ist so weit.
Den Tanz zu wagen, sich zu drehn,
mit ihm, so könnt es weitergehn.

Und nach dem Tanz ins Separee,
die Hight Heels tun heut gar nicht weh,
und auch die Kilos trägt sie gern,
denn die sind heut vom andern Stern.

Dort wird geflirtet, wird gelacht,
es geht bis morgens früh um acht.
Heim geht's im weißen Audido,
die Firma lieh ihn, sie ist froh.

Die Tür geöffnet, sehr galant
und Mister Rhight gibt ihr die Hand:
„Du bist allein mein Sonnenschein.
Ich werd bald wieder bei dir sein."

Sie dreht sich um und will ins Haus,
auf einmal war der Traum schnell aus.
Der Wecker klingelt, das Baby schreit,
und sie fragt sich: „Ists schon so weit,
dass ich muss grade jetzt aufstehn?
Ach, war der Traum doch wunderschön!"

Heidi Axel

Das Alter

Ach was ist das Leben kurz,
Manchmal denkt man kurz, wie'n Furz.
So denkt jeder und ist still,
weil das Alter es so haben will.
Doch ich halt nicht meinen Mund
Tue meistens meine Meinung kund:
„Nimm dein Herz noch fester in die Hand,
Nutze dazu den Verstand.
Sei stets freundlich, lieb und nett,
Und springe auch mal ab und zu ins Bett.
Mit einem Mann der auch schon älter ist
Seine Jugend aber dabei nicht vergisst.
Denn die Hormone fragen nie danach
Ob du 20 bist oder fast vorm Sarg."
Nehme alles was das Leben gibt,
Denn nur so kannst sagen: „Du, ich hab geliebt!"

Welchen Schuh?

Welchen Schuh willst du dir anziehen?
Oder welche Moral heranziehen?
Wer bist du?
Dich schlecht zu fühlen

Wegen dem was um dich passiert
Ja, das Standard Zeug halt
Abgase, Verschmutzung und Krieg
Wer beeinflusst schon was man kriegt

Welchen Schuh willst du dir anziehen?
Ohne in Angst Logik zu verliern
Wer bin ich?
Mich schlau zu fühlen, doch

Du bist so ökologisch verbissen
Auch wer das vegane Produkt nimmt
Merkt dass eigentlich jeder schwimmt
In der Sünde des schlechten Gewissen

Aber hey das ist Leben
Leben ist sich zu begegnen
Einander in die Augen sehen
Und nichts ganz zu verstehen

Man ist fast zu verlegen
Meinungen anzunehmen
Komm lieber sich benehmen
Oder Wörter und Sinn verdrehen

Ich will nichts belegen
Oder irgendwas beweisen
In der Schneide zwischen Gut und Böse
Dort liegt das Allermeiste

Also schau was ich meine
Schau dich einfach mal um
Grinse, lache und weine
Atme diese Luft ein

(Atme tief ein)

Das ist unsre Bleibe
Scheiß mal auf Reime
Jeder Atemzug ist ein Moment
In der Zeit vom Mensch

Schau jetzt vom Bildschirm hoch
Und denk
Das ist das Leben
Dem wir durch unsere Augen begegnen

Abschließend bleibt nur noch zu erwähnen
Der große Mensch, lebt den KLEINEN Moment
Schauen wir jetzt hoch

(er beginnt)

Die vier Mächte

Mit diesem Stift geschrieben
Ward mir einiges schon erschienen,
Denn die Geschichte von der ich sprech,
Handelt von der Sorge eines Jungen, die war gar frech
Und brachte sogar Gott zum staunen,
Und durch die Rationalisten ging ein Raunen

Dennoch bin ich überzeugt
Das ihr werdet aufmerksam lauschen,
Um im Anschluss eure Meinung auszutauschen
Und Dinge vielleicht anders beäugt.

Nun eben dieser Junge kam
Eines schönen Sommermorgen
In die Stube seines Vaters,
Denn nur da fühlte er sich geborgen.

Nun eben dieser Vater vernahm,
Dass der Junge sich machte Sorgen.
Drum nahm er ihn mit in die Stube seines Beraters.
Denn der könnte helfen, so die Meinung des Vaters.

Nun eben dieser Berater war Priester
Und seine Stube war der Beichtstuhl
Wo er saß gar bleich und stur,
als ihm der Sohn seine Sorgen berichtet.

Der Priester in seiner Not
Konnte die Sorgen nicht deuten.
Drum fügte er eine Bitte in sein täglich Gebet ein,
Denn seine Antwort sollte weise gesprochen sein.
„Lieber Gott, helfe mir mit den Sorgen dieses Jungen,
Denn ich fühle mich von höheren Mächten gezwungen,
Ihm seine Sorge nicht einfach abzunehmen.
In Form eines Gedichts, vergiss die Normen,
Erblick ich dein Angesicht, bei dir bin ich geborgen!“

Und eben dieser Gott erhörte die Klage,
Doch wie umzugehen damit, wusste er nur wage.
Drum wurde diese Frage seiner Vernunft gestellt,
welche sich ab und zu auch zu ihm gesellt.

Mit eben dieser Vernunft gab es eine Diskussion,
Welche mündete in bunter Exkursion.
Doch beide kamen auf den Schluss,
Die Vernunft sei nicht der Weg zu Lösungskuss.

Und eben diese Vernunft war zerstört,
Denn normalerweise wurde sie doch erhört
Durch alte Normen ist dies nicht zu lösen.
Die Ratio hilft ihr nicht dem Guten, nicht dem Bösen.
Eine andere Lösung muss gesucht werden
Und sie wird hinterlassen Kerben.

Die Vernunft fing an zu klagen,
Denn noch nie hatte sie es gewagt
Ihr Herz nach einer Antwort zu befragen.
Eine Konfrontation war bis jetzt vertagt.

Schließlich wand die Vernunft sich ans eigne Herz,
Welches sofort erkannte wo es schmerzt.
Das Herz entschied nicht rational,
Doch es hatte einen Einfall, der war gar genial.

Nicht jeder Mensch versteht die Vernunft
Und jeder hat Vorstellungen noch so bunt,
Doch ein jeder Mensch hat ein Herz
Und es ist das Mittel zur Linderung ihres Schmerz.
Dies ist ganz gar nicht rational zu entscheiden,
Die Schmerzen müssen gehen,
Die Emotionen sollen bleiben.

Drum sprach eben dieses Herz zur Vernunft:

„Der Junge, der die Sorge hat erkannt,
Solle nicht stehen bleiben mit dem Gesicht zur Wand.
Der Optimist in seinem Herzen solle scheinen
Und Lösung und Realität können sich dann vereinigen.

Mehr Menschen müssen sowohl Herz, als auch Vernunft erfahren.
Mehr müssen vernünftig ihr Herz nach Antworten befragen,
Denn die Lösung der brillanten Frage wird kommen
Und alle Zweifel sind dann verronnen."

Die Vernunft gab die Lösung skeptisch weiter,
Komisch das sie dazu bereit war.
Und beim Priester angelangt
Schien dieser anfangs außer Rand und Band.

Doch dann hörte er es pochen
In der Mitte seiner Brust hinter den Knochen.
Der Optimist in seinem Herzen begann zu scheinen
Und Frage und Antwort sich zu vereinigen.

Die Emotionen breiteten sich in seinem Körper aus
Und füllten jeden Raum im Gotteshaus
Der Priester war der erste, der es spürte,
Die Lösung des Problems war was ihn nun führte.
Nun berichtete er begeistert dem Jungen,
Der noch jung war, aber berungen
Und durch den langen Weg der Lösung,
In seinem Herzen trug, den Schlüssel der Erlösung.

Denn der Schlüssel auf seinen Weg,
Auch wenn viele Zweifel wurden gehegt,
Erfuhr alle Mächte unseres Seins,
Diese Mächte waren und sind meins und deins.

Sie Sind: die Gutgläubigkeit des Menschen,
Die Ratio der Vernunft in unseren Händen,
der Glaube an ein allwissendes Wesen,
die Emotionen, der Optimismus aus unserem Herzen,
zusammen sind sie die Linderung, gar die Lösung, aller Schmerzen.

Sie sind das erste Mal gemeinsam erschienen
Durch eine Sorge, welche wurde lange verschwiegen.
Der Junge trägt die Lösung nun im Herzen.
Hoffentlich lindert er nicht nur seine, nein auch deine Schmerzen.

Wie ihr, liebe Mitmenschen, vielleicht bereits erkannt habt,
Ist dies alles hoch fiktiv.

Denn noch nie wurde die richtige Frage gestellt,
Noch nie haben sich alle vier Mächte zu jemandem gesellt.
Drum tappen wir weiter im Dunkeln,
Doch vor kurzem hörte ich ein Munkeln!

Die Lösung zu finden ist nicht schwer,
Sie zu verstehen benötigt auch nicht viel mehr,
Die Schwierigkeit ist nun die richtige Frage zu stellen
Und die Köpfe der Jugend zu erhellen!

Besiop Lete

Der Mensch und das Leben

Der Mensch und das Leben
Sind seit jeher gemeinsam am gehen.
Das Leben und der Mensch
Sind einander doch so fremd.

Der Mensch fragte eins das Leben:
„Lieg ich immer so daneben?"
Das Leben lachte und dachte:
„Weil du übertreibst, bis es krachte"

Versuch doch einfach mal nicht alles zu kontrollieren,
Lehn dich zurück
Und versuch dich nicht so zu verwirren
Durch die ganzen Gedanken,
Geh raus und versuch Entspannung zu tanken.

Johanna Sedlbauer

Melancholie

Wahre Glückseligkeit
Tut weh.
Wenn man nicht bereit dafür ist.

Die helfende Hand führt zu einem Körper,
Der hilflos im All
Schwebt.
Nicht greifbar ist, sondern
Alleine zurück lässt, was Glück ist.

Es wird nicht aufgenommen, sondern
Nur in eine Melancholie versetzt, was
Davor belangloses Leben war.

Jeder aufgefangene Moment
Der Menschlichkeit
Lässt alles herum verblassen wie
Ein blauer Sommertag, einer unendlichen seelischen Schwere.

Das naive Nett-Sein ohne jeder Art von
Gedanken lässt eine Wahrhaftigkeit zurück,
die nicht zu ertragen ist.
Wird verspült voller Einsamkeit
Die daher sichtbar geworden ist.

Julia Kleinhenz

Zerstörte Welt

Es war einmal vor langer Zeit,
als das Gras noch grün und der Himmel weit.
Das Gezwitscher der Vögel die Luft erfüllt
und der Duft der Blumen die Gräser umhüllt.
Alles schien so ganz perfekt,
die Welt mit Harmonie bedeckt,
doch schnell war dann das Unheil da.
Es kam von fern und auch von nah.
Es rückt mit Müll und Plastik an,
niemand da, der's stoppen kann.
Schnell und stark, einer Welle gleich,
rollt es über Feld und Teich.
Armut und Rassismus kommen hinzu,
mit ihnen wächst die Welle weiter im Nu.
Sie rollt und rollt und hält nicht an,
und immer noch niemand, der sie stoppen kann.
Dann plötzlich, langsam und leis,
schleicht sich der Klimawandel an, ganz heiß.
Die Welle verbündet sich mit ihm,
gemeinsam wollen sie weiterziehn.
Sie walzen über Sumpf und Moor -
zerbrechen jede Tür und jedes Tor.
Ungehindert schreitet die Welle voran.
Ist da wirklich niemand, der sie stoppen kann?
Natürlich ist da jemand, er war immer da.
Er kann sie stoppen, das ist klar.
Doch will er das? Kann er sich überwinden?
Schreitet er ein oder wird er verschwinden?
Wer ist das denn, der das kann?
Es ist nicht nur ein einziger Mann.
Es sind die Menschen, die das können.
Es sind die, die sich am meisten gönnen.
Die Verursacher der Welle sie sind,
jeder Erwachsene und jedes Kind.
Sie haben alles in der Hand -

und ein paar von ihnen haben´s erkannt.
Erkannt: Die Menschen haben die Samen der Welle gesät
Und bald ist es zu spät.
Solch einer ist mehr wert als alles Geld der Welt,
denn er ist ein wahrer Held.
Sie müssen handeln und zwar jetzt,
zu lange haben sie sich auf Stühle gesetzt.
Sie müssen aufstehen, sich nicht verstecken,
so wie es viele tun hinter ihren Hecken.
Die Erkenner, sie stehen auf,
sie haben keine Lust darauf.
Sie wollen die Welle unbedingt beenden,
doch schaffen sie das nicht mit leeren Händen.
Sie brauchen Waffen,
um das zu schaffen.
Diese Waffen sind keine Pistolen,
sie sind nicht einfach zu holen.
Sind keine Bomben oder Bögen,
kosten kein Vermögen.
Sind Vertrauen, Einheit, Kraft
wie sie nur die Menschheit schafft.
Sind Zusammenhalt und Widerstand,
alle Menschen, Hand in Hand.
Starker Wille, starke Liebe,
nur Verbündete und keine Diebe.
Das sind die Waffen,
die es schaffen,
die Welle zu bezwingen
und sie niederzuringen.
Doch die Grundlage all dieser Sachen,
ist, alle Menschen zu Erkennern zu machen.
Ihre Fehler müssen sie erkennen,
handeln und Lösungen benennen.
Ohne diese Einsicht
geht es nicht.
Jahre kommen, Jahre gehen,
und sie wollen es nicht sehen.
Die Welle wird größer, wächst geschwind,
Doch die Menschen, sie sind

zu stur um zu sehen,
um zu verstehen.
So schreitet die Zeit unaufhaltsam voran,
so wie die Welle, weil sie kann.
Niemand hält sie auf -
und so, kurz darauf,
passiert, was passieren muss,
das Unvermeidliche in der Dinge Fluss.
Die Welle, sie wuchs die ganze Zeit
zu einer riesengroßen Kampfeinheit.
Unzertrennlich und unbesiegbar,
erschreckend, wenn man bedenkt, was sie einst mal war.
War klein, unscheinbar, fast schon lächerlich.
Doch zum Vorteil machte sie sich
die Naivität der Menschen und das Unwissen
und schließlich nutzte sie gerissen
die Fehler der Menschen,
um zu wachsen und diese zu bekämpfen.
Die Welle schreitet voran, Stück für Stück.
Lässt nichts als trostlose Leere, Totenstille zurück.
Alle Tiere, ob an Land, im Wasser, in der Luft,
sind nun weg - wie verpufft.
Die Welle vernichtete sie, die Armen.
Auch die Pflanzen werden überwalzt, ohne Erbarmen.
Die Welle stoppt, sie dreht sich um -
sieht hinab auf ihre Schöpfer, alle ganz stumm.
Sie sind der Grund der Welle,
ihres ständigen Wachsens Quelle.
Die Welle, die Konsequenz ihrer Taten,
zu lange musste sie schon warten.
Langsam rollt sie auf die Menschen zu,
erwischt sie alle ganz im Nu.
Nun ist nichts mehr da,
nichts, wo einst mal Leben war.
Vernichtet ist der letzte Held.
Dies nennt man nun: Zerstörte Welt.

Felix Gutermuth

Mein Hollywood

nirgendwo sicher,
Abgründe tun sich auf
Mord in der Stadt,
gestern wieder
jemand erstochen.
Die Straßen,
ein heißes Pflaster
in einer Welt aus Beton.
Ratten aus U-Bahnschächten
suhlen sich in dem erbrochenen
eines Obdachlosen.

Du musst auf der Hut
sein,

jeder Schritt,
jeder falsche Blick,
und Berlin hat
dich am Sack
wie eine durchgedrehte Nutte
aus Rumänien.

Die Irrenanstalten voll.
Hotel Ali Baba hat noch
Plätze.
Ich liege im Bett
und starre die Decke an,
verkatert und mit genug
Power, um den nächsten Besuch
im Knast zu überstehen.
Ich bin ein Räuber,
ein Versager
auf jeder Strecke,
die das Leben mir vorgelegt hat.
Angst beschleicht mich

morgen schon draufzugehen
in dieser Wüste,
in der es nur ums
Überleben geht.

Ich raffe mich aus dem
Bett auf
und trinke
noch einen Schluck
Merlot aus der Flasche;

auf das Versagen,
auf die Moral,
auf mein kleines
Hollywood.

Felix Gutermuth

Misserfolg

zwischen Gosse und Irrenhaus
Alkoholismus und meinem Bett
suche ich die Muse,
die Muse, die selbst den
schlimmsten Kater vergehen lässt
und dir den Hang
zur Poesie nicht abspricht,
sondern dein
Dasein als Punk
genehmigt,
die Muse, die auch den
Schlaf nicht für verrückt erklärt,
und ich brauche den Schlaf.
Der Schlaf als Mittel
um runterzukommen
vom Rausch,
vom Leben in der Hölle.

Die Liebe ist flöten gegangen
schon vor zehn Jahren,
soweit ich zählen kann
die einzige,
aber keine Gedanken an Selbstmord
nur hin und wieder Bier
und Zigaretten jeden Tag,
vom Kiffen habe ich losgesagt.
Liegen auf dem Bauch,
liegen auf dem Rücken,
mein Bett eine Bastion,
mein Hang zur Philosophie
verflucht.
Ich bin allein
und es ist verfickt nochmal
gut so.
Puff, Casino
halten mich
vom Durchdrehen ab
der Spätkauf nebenan
ein Paradies,
ein Paradies für Versager,
wie ich es einer bin.
Der Aschenbecher überfüllt
mit Kippen.
Unterhosen und Socken
im Zimmer auf dem Boden
verstreut.
Chaos.
Von Anfang an
war nichts anderes
als Chaos.
Misserfolg.
Der Tod,
ein guter Bekannter
über die Jahre geworden.
Ich zähle die Tage,
zähle sie so lang
bis er mich einholt.

Felix Martin Gutermuth

Hundesohn

Von Anfang an war Chaos.
Seit meiner Geburt,
Chaos. War ich ein Hund?
Ich dachte nicht mehr daran
Künstler zu werden,
ich war einer.
Als Dichter bist du nur irgendein Joe
ohne Hoffnung.
Als ich jung war, war ich in New York,
ich schätze mit 11,
und wir fuhren mit dem Auto
die Küste entlang, bis nach Kalifornien.
Damals habe ich noch jongliert,
war im Zirkus und habe sogar Geld damit verdient.
Ich gab das Jonglieren auf,
da es im Jugendalter, irgendwann, wichtigere Dinge gab,
Frauen, Freunde, Rauchen, Alkohol etc. ...
Ich hatte mich sozusagen als Clown versucht.
Arbeiten stellte eine Anstrengung für mich dar,
aber ich hatte mehrere Jobs;
im Lager bei der Post,
im Biomarkt,
als Wäscher von LKW´s,
in der Textilfabrik,
und zahlreiche andere Lagerjobs.
Ich wurde arbeitslos,
und fing an zu saufen,
und musste in Einrichtungen,
da ich oft Stress bekam,
wenn ich gesoffen hatte.
Ich möchte diese Zeit verdrängen.
In Kneipen ist der Ärger mit dem Messer nicht weit,
ich besorgte mir selbst eins.
Man weiß nie, wann mal wieder einer durchdreht.
Die Gefahr da draußen möchte ich dennoch nicht missen.

Ich brauche sie um zu überleben.
Man fühlt sich so lebendig dadurch.
Seit jeher war ich auf den Straßen.
Aus dem Elternhaus raus,
und rein in diese verrückte Welt,
in der sich jeder zu behaupten versucht.
Ich wollte singen.
Ein bisschen Ahnung hatte ich von Musik.
Ich klaute ein Paar Schuhe,
mit 13, und wurde erwischt.
Ein paar Monate ging dass gut,
bis zu diesem Tag. Die Polizei kam.
Mein Vater holte mich ab.
Er war nicht sauer, aber verwundert,
da er sich so etwas nicht bei mir vorgestellt hatte.
Mein Vater war ein Stammbaum,
groß, stark und mental.
Ich erinnere mich daran,
dass er mal einem Mann eine Backpfeife gab,
da er ihn auf dem Fahrrad angefahren hatte,
mit dem Auto.
Mein kleiner Bruder war auf dem Gepäckträger.
Und diese Backpfeife beeindruckt mich noch heute.
Der Typ ist umgekippt.
Ich glaubte nicht an Gott,
ich glaubte nicht an Krieg.
Ich war ein Friedensteufel.
Ich hatte Nietzsche gelesen,
Bukowski, Celine, Rimbaud,
Turgenjew, John Fante, Henry Miller.
Das ganze Wissen war wichtig,
um den Dschungel zu überstehen.
Ich lebte seit zehn Jahren ohne Frau,
und hatte nur sporadische Affären,
Ficks und zahlreiche Begegnungen auf Partys,
aber nichts echtes seit Nora.
Nora ist bis heute meine Muse,
eine bezaubernde Frau. Eine Dame.
Ich denke oft an sie, und glaube auch,

76

dass sie für mein Trinkverhalten
eine große Rolle spielt.
Ich möchte ihr nicht die Schuld geben,
dass wäre unfair.
Ich streunte herum,
in Paris, Mallorca, Dijon.
Ich wusste nicht, ob ich Alkoholiker war,
aber wenn man schon anfängt sich Wein zu klauen,
liegt es wahrscheinlich sehr nahe.
Ich war Schriftsteller,
obwohl ich in Deutsch immer
eine Drei hatte.
Ich wollte es einfach auf den Punkt bringen.
Ich hatte nicht studiert,
und dachte daran mein Abitur nachzuholen,
um dann Philosophie zu studieren,
aber umso älter man wird,
umso schwieriger wird es.
Ich war nun 30
und das Chaos herrschte immer noch.
Ich hatte keine sichere Bleibe,
und schlief im Obdachlosenheim,
Einrichtungen.
Ein Leben in Paris war ein Traum.
Ich war oft dort,
zum Besuch und schlief im Hotel oder in Parks
und besuchte die Bücherläden,
schlenderte die Seine entlang,
und schlug mich durch
mit meinen Französisch-Kenntnissen,
die ich noch aus der Schule hatte.

Dies hier soll kein Gedicht sein
im üblichen Sinne der Literatur.
Dies ist mehr als das.
Dies lässt das Chaos fließen,
im Fluss Manova,
bis hin nach Frankreich und Amerika.
Wir brauchen keinen Westen mehr.

Der Westen geht zu Ende damit.
Mir sind schon längst Flügel gewachsen.
Dies ist für Nora.
Um Schriftsteller zu sein,
musst du schreiben können.
Ich konnte schreiben,
wenn auch schräg,
wie mein Gesang,
schräg wie mein Leben.
Und ich lebte wie tot.
Dieses Gedicht besagt,
dass wir keine Bücher mehr brauchen.
Ich mache es mir einfach hiermit.
Dies ist viel mehr ein Abgesang
Auf den ganzen Fake, der uns umgibt,
viel mehr ein Abgesang auf die Massen,
die Menschheit, die Liebe, den Tod,
was ihr wollt…
Dies ist mein Untergang.
Entsetzlich das überhaupt Krieg war.
Verzeiht mir meinen bitteren Ton,
denn ich hatte nicht vor bitter zu werden,
aber nun komme ich nicht mehr drum herum.
Macht euch nichts aus meiner Obszönität,
sie ist nur menschlich.
Ich bin ein Dieb,
angeklagt weil ich Wein gestohlen habe
und ein Messer in der Umhängetasche trug.
Eure Ziele langweilen mich.
Eure Zukunft ist nicht vorhanden.
Eure Zukunft ist hiermit ausgelöscht,
denn es gibt sie nicht.
Ich will tanzen,
während ihr strebt,
ich will tanzen,
während ihr euch anstrengt.
Ich habe aufgegeben.
Ich war fröhlich, bin fröhlich,
und sterbe fröhlich.

Ich will zaubern, euch verzaubern,
Hinweise geben, Extasen zelebrieren.
Ich will einfach sein.

Ein Hundesohn.

Felix Martin Gutermuth

Neue Erkenntnis

Nora war mir
den Selbstmord
nicht mehr
wert,
Alba holte
mich aus
dieser
Erkenntnis,
und nun
saß ich
neben Alba
und sie lächelte
als ob ich
sie küssen
sollte,
doch ein
Funke
der Verzweiflung
hinderte mich
noch daran.

Kulturlos

Ich zog aus,
war eine Hyäne
unter Ratten
und froh
wenn ich
lachen konnte,
noch ein
paar mal
lachen
und dann
abgeben.
Die Hölle
ist ein
Platz
an dem
es sich
aushalten
lässt.
Gehasst
und
geliebt.
Ich konnte
Das Wort
Kultur
nicht mehr
hören,
mein
Territorium,
die Wüste im
Westen,
der Westen
ging zu
Ende,
die Kultur
hatte versagt,

und der
ölige Fisch
zappelte
an der
Leine.

Einsam sein
bedeutet
nicht
alleine
sein.

Das System
formt uns
zu Marionetten,
ich spiele
nicht mit,

lasse
einen
Fladen
Spucke
auf dem
Gehweg
und
der Tag
verspricht
mir,
dass
ich
noch ein
ganzes
Leben
vor mir
habe.

Felix Martin Gutermuth

Höllentrip

aufstehen
arbeiten
schlafen
aufstehen
arbeiten
schlafen

sie machen
sich kaputt,
spielen mit
wie es ihnen
in der Schule
gesagt wurde

gründen
Familien,
doch der Sextus
ist was anderes.

Ein Dichter
in Jogginghose
ist für viele schräg,
Mütze
und
Converse,
Fick,
Kippen,
und Bier,
verliebt

hat Händchen
gehalten
mit seiner
alten Freundin
und zugeschlagen
wenn es
Ärger gab

dieser dog
kommt doch
eigentlich
aus L.A.

pisst an
Bäume,
torkelt
aus der
Kneipe,
nervt seine Ex,
spielt verrückt
mit dem Messer,
denkt an Selbstmord,
liest Bukowski,
Henry Miller,
John Fante…
fährt andauernd
nach Paris

schickt
Fotos
mit einer
Nackten herum,
nennt
sich einen
Jazzer,

sie nennen
ihn Pseudo,
die anderen real,
doch wer
kann das am
Ende entscheiden?

niemand

Felix Martin Gutermuth

Frieden

Berlin hatte mich zurück.
Und ich zweifelte daran
ob alle Berliner das wollten…
sogar die Linke schwenkte
Fahnen…doch was sind Fahnen?
Fahnen sind Dreck wie Berlin…
Berlin war war ein Moloch
der ewigen Scheisse…

ich rauchte
knapp zwei Schachteln
am Tag…

die meisten
sahen mich
wie Dichter
in Paris
wo es mich auch
hinzog
doch sollte ich
bleiben, Berlin,
schwöre ich allen
Frieden.

Frieden!

Felix Martin Gutermuth

Brief an Sophie

Liebe Sophie
ich habe dich
in Paris
gesehen
am quais de seine
und deine
Blicke sagten
mehr als ein Stein
und ob
wir uns
wiedersehen
werden
sollen die Götter
entscheiden

deine Blicke;
eine geschenkte
Lüge
wie Schrot
in einem
Teebeutel

Felix Martin Gutermuth

Speed & Pullover

Der Deal
im Park
sollte
schnell
vorübergehen

man legt
eine Line
im Hausflur
und kauft
sich ein
Radler

der Hemdkragen
blitzt aus dem
Pullover

Exas
ist die
ganze
Geschichte

Antje Dreist

30 Jahre

30 Jahre schenkte ich dir,
und was gabst du mir?
Ich glaube, ich verstand,
als ich mit drei, vier Jahren mit dem Kopf haute gegen Boden
und Wand.
War mal so und mal so,
ich machte dich niemals richtig froh.
Wollte so sein, wie du mich gesehen hast -
welch eine Last.
Ich schaffte es nie, dich glücklich zu machen,
du konntest nur über mich lachen.
30 Jahre Kampf,
30 Jahre Krampf,
30 Jahre war ich stark,
kann mich nicht erinnern, dass ich in deinen Armen lag.
Warum ich eigentlich da war, hab ich nie verstanden,
weiß nur, dass wir nicht zueinander fanden.
Warum bist du so kalt.
Hoffe immer noch auf ein Bald.
Du wolltest immer, dass ich wie andere bin,
was für ein Sinn?
30 Jahre Einsamkeit machen sich noch breit.

Hannah Strauchmann

Hoffnung für alle?

Was ist des Menschen Hoffnung,
die im Inneren quellt,
wenn wir sie unterdrücken,
sobald sie uns erhellt.

Was wagt der Mensch zu wagen,
in der traurig' Kummerstund'.
Was können wir ertragen,
wenn der Sinn nicht mehr gesund.

Was hofft der Mensch zu jener Zeit,
in der es Elend regnet.
Wie sieht er dessen Dringlichkeit,
wenn jeglich' Leid gesegnet.

Wir hoffen und wir leiden.
Wir denken und wir meiden.
Wir lieben und wir treten.
Wir hoffen und wir beten.

Marko Ferst

Herbstlichter

Hoch oben
taumeln Fledermäuse
über die Lichtung
hinter uns Staub
zertreten ein alter Bovist
wie wir noch irren
mit unserem weißen Haar
es pochen Rabenzeiten
hitzetrocken Wald und Flur
kaum für eine Pilzsuppe
reicht die Ausbeute
es kündigt sich an
die Bilanz unserer Tage:
das Ungetane

Verstreutes Lila
wir ruhen auf unseren Sachen
kosten zurück die Jahre
Dämmerung zieht herüber
in unsere Arme
noch spielt das Orchester
oder werden wir es
nicht gewagt haben
bleiben nur Bruchstücke
von unserem Traum
die vergeblichen Flugkehren?

Marko Ferst

Festliches Band

Die Türen öffnen Häuser
keine Schranken mehr
gegen den anderen
ein Band von Freundschaft
zu Festlichem
knüpft eigene Netze
anderes Leben scheint herauf
zwischen den Horizonten
still Zufriedenes kehrt ein
ein Frühlingswehen
überzieht Mißlungenes
Umarmungen öffnen
Menschen, Türen und Häuser

Marko Ferst

Gegenlicht

Jahre wie geschlossene Blüten
verlieren die eigene Spur
ins nächste Alter
unergründlich der Reichtum
nicht gegangener Pfade
um schon wieder
nicht angekommen zu sein
kein Spähflug
erlöst die Weisheit
vom alten Kokon
noch die Stille
wie der Abglanz
eines nicht gehaltenen Versprechens
doch fließt schon
die unbesprochene Fülle
in ihr eigenes Maß

Marko Ferst

Dissidenz

Nicht mitmachen müssen
und im Mainstream ersticken
Fragen erfinden dürfen
Sperren überwinden können
auf die Tore
schaffen wir uns den Mief
aus dem Weg
niemals Mittelmaß einquartieren
Dissidenz versuchen
lieber Fehler begehen
als vor sich hin
gefangen zu sein

Marko Ferst

Nachtmeer

Endlos
dunkles Rollen
dem Mondlichtsand
entgegen
frische Kühle
Kiefernwind
hinter den Dünen
und ein Blinken
in der Ferne
als letztes Zeichen
alles geht unter
in der Tongewalt
von Wasser
Endlos

Rügen, Strand in Prora

Marko Ferst

Stimmen

Geheime Gegenspieler
still und leise
wechselt ihr in mir
die Seiten
und ich verwandle mich
endlos

Seid mir Gefährten
das ich mich nicht verfange
an zu sicheren Orten
kommt setzt euch
zu Tisch
und verteilt die Karten
die auszuspielen
sind

Wenn ich euch
nicht mehr höre
bin ich an mir
taub geworden
doch längst
scheint mir
der Rückweg
abgeschnitten
und nichts schützt
vor euren Stimmen

Marko Ferst

Lichtland

Meeresbuchten
versteckte Segel
mosaike Landzüge
aus bewegten Punkten
Pinselstriche
in farbigen Kontrasten
mit nahem Blick fast chaotisch
von Weitem fügt das Auge
alles von selbst
es laufen Blickwelten
aus Licht
in uns hinein

Atem der Provence
Alpengipfel und
die Silhouette von Anitbes
Baumgeäst in Lila
oder die Kanäle Venedigs
pointillistische Anarchie
eine eigene stilistische Reise
sichtbare Ausläufer
in die abstrakte Moderne
auf letzten Bildern
jedoch unverwechselbar
die offene Zwischenwelt
der eigentliche Reiz
noch heute
entlang dem
was einem gefällt

Mit dem Künstler der Punkte
in sich selbst etwas heilen
von Farben stimmen lassen
Uferwelle sein

inmitten der Wiese
das Paar
begleitet uns
für immer

Zu Bildern der Ausstellung „Farbe und Licht. Der Neoimpressionist Henri-Edmond Cross" im Museum Barberini Potsdam (2018/19) und weiteren Arbeiten des Malers

Marko Ferst

Danziger Notizen

Noch immer verfolgen
mich die Vogelscheuchen
aus dem signierten Buch
vieles spielt in Langfuhr
wo mein Vater geboren
zu jung für jede Erinnerung

Von Prügelszenen
braunen Aufmärschen
und Sturmgeschützen
ist zuweilen abgründig
die Rede
neuere Quellen
erinnern fast zu spät
an den Weg der Frauen
in östliche Lager

Die *gehäuteten Zwiebeln*
gefielen mir besser
als *Hundejahre*
jene zu kräftig gewürzt
mit hyperfantastischem Strandgut
die *Vonne Endlichkait*
nun leider erfüllt
Druckseiten

noch auf meinem Leseplan
Zukünfte, Historie und Schächte
in welche Materniaden
werden wir hinabfahren?

Kein neuer Grass-Roman mehr
freilich immer noch
genügend Leselücken
aus dicken Wälzern
Danziger Gassen erkunden
unweit die Marienburg
offen eine Sommerreise
nach Kaschubien

Marko Ferst

Countdown

Und sie mehrten sich
Hektar um Hektar
in roten Zahlen
exponentielle Daten sind tückisch
Milliardenschritte
bleich die Korallenriffe
die Netze der Straßen
schnüren ins Fleisch
ohne Bleibe Orang Utans
hingewürfelt immer neue Felder
aus Türen und Fenstern
nicht aufzuhalten
war die Plage
so kippte alles
mitunter neigt die Evolution
zu Sprüngen

Marko Ferst

Tonvisionen

(zu Arvo Pärts CD-Aufnahme „Litany")

Stille.
Gottesstille
umborgen von einer Klangwelt
wie klassische Säulen
endlos in den Himmel getrieben
noch im kämpferischen Zug
thront das Schweigen
immer wieder
laufen Wellen
von Zutrauen
heran

Vielleicht will Jesus
endlich erlöst sein
von den menschengemachten Aufträgen
und überkommenem Glauben?
Könnte er nicht Vorbote sein
für den Gestus
von einem ausstehenden Zeitalter?

Gewebte Töne
als Vorboten?
Musikräume als Wegkarte
von Innen nach Morgen?
Jetzt und Hier
heilig sein
ganz irdisch
und branden
mit den Wellen

Marko Ferst

Wie man Naturschutz aushebelt

Das Bundesverwaltungsgericht
zwitscherte sich einen
und merkte nicht
das es Flugrouten
quer durch Vogelschutzgebiete
zur Landung zuließ
oder waren die Leipziger Richter
längst politisch gekauft
von SPD und CDU?

Sie werden sich gedacht haben
der politische Auftrag heißt jetzt
Blechvögel sind zu schützen
dafür wären Naturschutzgebiete
geradezu ideal geschaffen
es gilt staatlich organisierte
Umweltkriminalität zu decken!

Sie schleifen einfach mal
europäisches Naturschutzrecht
und die Parteien interessieren
sich ohnehin nicht
für stark vom Aussterben
bedrohte Trauerseeschwalben
und Rohrdommeln
sensible Kranichbruten
auch Eisvögel, Beutelmeisen
und Fischadler
sind völlig überflüssig

Selbst Grüne und Linke
üben sich in Ahnungslosigkeit.

Beide östliche Landerouten des Flughafens Schönfeld zerschneiden diagonal das
Natur- und Vogelschutzgebiet, ebenso eine der Startrouten.

Marko Ferst

Alles klar?

Wer will denn hier mauern?
alles in Butter
Beton weggespechtet
da gibt es keine dummen Nachfragen
die hat es nicht zu geben
Deckel drauf
alles schön stubenrein

Wo seht ihr Mauern?
wir sind jetzt die Einheit
da ist kein Platz
für Trennwerke neuer Bauart
die Marktwirtschaft
ist endgültig auf der
Siegerstraße

Wo führt sie denn hin?
hatten wir solche Verkehrsprobleme nicht schon?
diesmal auf flexible, dynamische Weise
die Hälse wenden?
kann das einem nicht das Genick brechen?

Sehnsucht

Deine Schönheit erkennt man nicht bei dem ersten Anblick, denn du bist wie die Süße einer Frucht die mit der Zeit reift. Eine Rose die ihre Zeit braucht um aufzublühen.

Ich werde auf dich warten ohne Kompromisse, ohne wenn und aber und wenn es soweit ist, werde ich dich empfangen mit meiner ganzen Liebe und Leidenschaft werde ich bei dir sein. Um dich zu umarmen, wenn es soweit ist. Du bist wie ein einziger Rosenblatt das im Wind umher weht. Du bist nicht zu erkennen, jedoch versprühst du einen wundervollen Duft welcher mein Herz umgibt. Wenn ich dich malen sollte, dann wärst du eine Rose, dessen Hals ganz leicht zur Seite geneigt ist. Ihr weißes Rosenblatt zeigt im Schimmern des Lichtes ein leichtes Rosa ein einziger Regentropfen fließt ihr den Hals herunter. Ich liebe dich! Im verborgenen heimlich, zwischen Licht und Schatten. Mein Körper sehnt sich nach dir, doch nicht meine Lust oder meine Begierde es ist meine Seele die sich nach deiner Liebe sehnt.

Wenn du mich vergisst, dann werde ich dich vergessen. Ganz langsam und schmerzvoll. Meine Liebe wird nicht mehr deine sein du wirst nicht mehr in meinem Herz sein. Ich werde nicht mehr sein. Du bist wie eine Rose dessen Blätter ganz langsam auf den Boden fallen, und während dessen falle ich.

Ich laufe in Richtung Sonnenuntergang, ein warmer Schimmer kommt mir entgegen. Es fühlt sich an wie ein zärtlicher Kuss. Bin ich am Ende oder ist es ein Neuanfang ich laufe weil ich muss. Doch für den Augenblick bin ich ganz still, denn in der Stille höre ich deine Stimme. Sie gibt mir Sanftmut und Geborgenheit, ein letztes Mal umarmt sie mich. Die Blätter fallen ganz langsam und während dessen falle ich.

Muhammed Semih Karabacak

Heimat

Ich habe einen 16-jährigen Syrer kennengelernt, zu dem ich eine sehr innige Freundschaft gefunden habe. Er erzählte mir von seiner Geschichte und von dem, wie er nach Deutschland kam. Seine Geschichte hat mich sehr gerührt. Dieser Text ist ihm gewidmet. Ich habe versucht mich in seine Lage zu versetzten, während ich diesen Text schrieb.

Ein lauter Knall, der mich aus meinen Träumen weckt. Es ist mitten in der Nacht, doch ich sehe helle Lichter draußen vor der Tür. Mein Herz rast, ich spüre wie das Blut durch meinen ganzen Körper strömt. Schweißperlen die auf den Boden fallen.
Sie brannten unser Haus nieder. Backstein für Backstein, bis kein Stein mehr auf den anderen lag. Es vergeht kein einziger Tag, wo ich nicht daran denken muss.
Es ist kein Haus, welches in dieser Nacht zu Grund und Asche gelegt wurde. Es sind meine Träume, die sie aus meiner Seele entrissen. Backstein für Backstein nahmen sie einen Teil von mir.
Ich sah zu, wie unser Haus versinkt, übrig blieb nur noch eine dreckige Staubwolke, die ich in meine Lungen inhalierte. Backstein für Backstein, nahmen sie mir meine Kindheit weg. Ein Teil von mir verschwand in dieser Nacht in der Endlosigkeit. Ich blicke um mich herum, doch keine Hoffnung zu sehen so weit das Auge reicht. Alles versinkt in der Dunkelheit.
Ein Teil von mir verschwand in der dreckigen Staubwolke, die ich in meine Lunge inhalierte.
Jede Nacht bevor ich einschlafe, da höre ich die Stimmen meiner Mutter. Ich konnte meine Familie nicht beschützen.
Ich konnte mich selbst nicht beschützen. Ich konnte meine Träume nicht beschützen. Sie festhalten, fest in meinen Händen und nie wieder loslassen.
Sie nahmen mir alles weg Backstein für Backstein. Alles verschwand in der dreckigen Staubwolke, die ich in meine Lungen inhalierte. Als Kind da schlief ich oft auf den Dächern der Stadt und sah mir die Sterne an.
In dieser Nacht sah ich zu den Sternen und der eine Stern der sonst immer so klar und hell gefunkelt hatte, verschwand in dieser

Nacht. Erst war es ein heller Lichtstrahl, übrig davon blieb eine Staubwolke am Horizont, der ganz langsam als Asche auf den Erdboden fiel, es vermischte sich mit der dreckigen Staubwolke, die ich in meine Lungen inhalierte. Auch wenn die Wunden alter Tage heilen, bleiben die Narben bis in die Ewigkeit. Die Wunden auf meinem Körper sind geheilt. Doch die Narben in meiner Seele werden niemals vergangen sein.

Muhammed Semih Karabacak

Melancholie

Würdest du mich lieben, als der Mensch, der ich bin?
Auch wenn ich nichts hätte? Für meinen Charakter, für die Persönlichkeit die ich bin? Ich glaube nicht!
Deshalb umarme ich die Melancholie.
Sie ist wie eine stille Symphonie.
Eine Melodie, die meine Seele umgibt. Die Melancholie.
Rosenblüten, die meinen Körper umgeben. Sie ist wie der Duft von Lavendel, der ganz langsam meinen Körper streicht.
Die Melancholie.
Sie ist wie die Nacht, die mich umarmt. Am hellen Tag, ist sie wie ein schwarzes Loch, in das ich hineinkriechen kann und mich verstecken kann, vor dieser Welt die mich anwidert.
Die Melancholie.
Es fällt mir schwer glücklich zu sein, also umarme ich sie! Sie nimmt mich auf und gibt mir Geborgenheit.
Sie ist wie ein See, in dem ich untergehe.
Ich begebe mich in deine Arme und stelle keine weiteren Fragen, lasse einfach den Moment auf mich wirken.
Du bist wie eine Rose, die aus dem Ozean ragt.
Ich stelle mich unter deine Blätter!
Denn du bist mein einziger Retter. Die Melancholie.
Ich will hässlich sein, weil die Schönheit mir nicht gefällt. Ich will hässlich sein, weil der ehrliche Anblick, in den Augen der Menschen wie ein Kartenhaus zerfällt.

Wolfgang Matschl

Der schwarze Gral

Du kamst zu mir aus dunklem Schoß,
im Schlaf hast du mein Fleh'n gespürt,
auf schwarzen Schwingen, machtvoll groß,
hat dich dein Weg zu mir geführt.

Du, mein Schicksal, bist jetzt hier,
ein Schatten aus dem Meer der Nacht,
wie vielen Menschen, sag es mir,
hast du bereits den Tod gebracht?

Auch ich, will heut' durch dich vergeh'n,
und bin zum eig'nen Tod bereit,
in Liebe will ich untergeh'n,
von Gott verflucht in Ewigkeit.

Die lichte Welt, die mich gebor'n,
sie brachte mir nur Schmerz und Leid,
in deiner Welt geh'n sie verlor'n,
in einer Welt aus Zärtlichkeit.

Und jetzt Geliebter, nimm mich still,
umschling mich fest mit deinem Arm,
und weil ich zärtlich leben will,
befreie mich von Schmerz und Harm.

Ich schöpfe aus der Liebe Kraft,
die mich von aller Angst befreit,
und biet' dir meinen Lebenssaft,
als Tauschwert für die Ewigkeit.

Denn dafür geb' ich gern mein Blut,
und niemand wird mich weinen seh'n,
geh' in den Tod mit Lebensmut,
um dann als Schatten aufzusteh'n.

Von dir bedacht mit Höllenkraft,
will ich der lichten Welt entflieh'n,
und dann in blut'ger Leidenschaft,
als Albtraum durch die Städte zieh'n.

Wie Dolche spür' ich deine Zähne,
berauschend zart berühr'n sie mich,
zerreiß mir damit Hals und Vene,
vernichte und zerstöre mich.

Dann gib mir diesen and'ren Leib,
der niemals welkt, der nie vergeht,
und liebe mich als Eheweib,
solang der Mond am Himmel steht.

Schenk mir auch die schwarzen Flügel,
als Zeichen meiner dunklen Macht,
mein Brautbett sei ein Grabeshügel,
dem wir entsteigen, jede Nacht.

Am Tag dann, will ich bei dir sein,
geborgen in Glückseligkeit,
und liegen in den Armen dein,
in einer Welt aus Zärtlichkeit.

Ich habe mich an dich verlor'n,
steh sehnsuchtsvoll in deinem Bann,
hab dich zum Schicksal mir erkor'n,
ein Wunsch, der niemals enden kann.

Dies Laken hier, mein nächtlich' Kleid,
das weiß, so wie die Unschuld ist,
erwähl' ich mir zum Hochzeitskleid,
das bald mit Blut gesegnet ist.

In Liebe küss ich dein Gesicht,
Tränen steh'n auf meinen Wangen,
ein Mund, der Ewigkeit verspricht,
ich bin in einem Traum gefangen.

Dieser Traum soll niemals enden,
er bedeutet höchstes Glück,
zärtlich nehm ich dich an Händen,
dann leg' ich meinen Kopf zurück.

Süß und schmerzlos ist der Kuss,
der sanft mir Tod und Leben bringt,
der Preis dafür, ein roter Fluss,
der mir aus tiefstem Herz entspringt.

Ich höre deine Lippen saugen,
kein schöner Ton auf dieser Welt,
schau mir beim Sterben in die Augen,
ich hab den schwarzen Gral gewählt.

Mich empfängt die Dunkelheit,
ich blute, sterbe, spür die Gier,
für dich war ich dazu bereit,
für dich Geliebter, mein Vampir.

Wolfgang Matschl

Der Tod der Justitia

Sie kamen als Schergen in dunkelster Nacht,
mit all ihren Horden, mit all ihrer Macht,
die Herrscher der Erde mit eiskalten Mienen,
bereit ihrem Gott, dem Teufel zu dienen.

Du standest vor ihnen, zum Tode bereit,
mit Tränen in Augen, im göttlichen Kleid,
im Wissen, dass mit dir, mit deinem Verderben,
all Sitte, all Anstand, Gerechtigkeit sterben.

Dein Urteil, nur Willkür, war grausam und hart,
gesprochen von Richtern der teuflischsten Art,
geschrieben in Feme, auf menschliche Haut,
mit Tinte aus Herzen von Kindern gebraut.

Den Herrschern war's Ausdruck des völkischen Rechts,
zum Schutze der Rassen, des Führergeschlechts,
schon zückten sie Waffen mit tödlicher Mündung,
verlasen so Urteil und Urteilsbegründung.

Du hättest dich eigens zur Gottheit erkor'n,
du hättest in Schande nur Bälger gebor'n,
die mit ihren Reden den Volksstolz verletzten,
mit Lügen und Flugblatt die Staatsmacht zersetzten.

Die sich wie ein Schutzschild vor Schwächlinge stellten,
die sich zu den niedersten Menschen gesellten,
die dich und nicht „Sie" als Gott anerkannten,
die dich ihre „Mutter Justitia" nannten.

Du Mutter von Huren und räudigen Hunden,
du wurdest nach Rechts Art für schuldig befunden,
zum Tode verurteilt am heutigen Tage,
das Urteil vollstreckbar, nach rechtlicher Lage.

Empfang nun die Strafe für all deine Lügen,
sie würden als Herrscher die Völker betrügen,
sie wär'n tief verwurzelt in teuflischem Glauben,
und würden die Menschheit der Zukunft berauben.

Auch würden sie Reiche durch Kriege entzweien,
und dass sie des Teufels Gefolgsleute seien,
nach göttlicher Ordnung gerichtet sein würden,
durch dich und dein Schwert der Gerechtigkeit stürben.

Hart trafen jetzt Fäuste dein schönes Gesicht,
du fielst auf den Boden, noch klagtest du nicht,
du sahst auf Dämonen mit schwärenden Zungen,
rochst höllischen Atem aus tiefschwarzen Lungen.

Dann spürtest du Krallen, zu allem bereit,
sie rissen und zerrten am göttlichen Kleid,
entblößten dich Schönheit, dein Körper ganz nackt,
vor notgeilen Augen, von Wollust gepackt.

Gestaffelt in Gliedern, so standen sie an,
sie stürzten sich auf dich, ein jeder kam dran,
berührten dich garstig mit ekligen Händen,
und starrten gebannt auf das Tal deiner Lenden.

Sie stöhnten und keuchten in höllischem Eifer,
von fauligen Mündern, da tropfte der Geifer,
dann stießen sie in dich mit lüsterner Wut,
mit Klingen und Dolchen aus Fleisch und aus Blut.

Du schriest voller Ekel, als sie in dich drängten,
du batest den Himmel dein Leid zu beenden,
doch kein Engel half mit all seiner Macht,
die Schreie verhallten in finsterer Nacht.

Alleine und hilflos ertrugst du die Schmach,
bis alles in dir, deine Schönheit zerbrach,
entehrt lagst du da, ein Schmerz dies schau'n,
du Göttin des Himmels, du schönste der Frau'n.

Dein Körper geschändet, die Seele geschunden,
die Hände mit glühenden Ketten gebunden,
so wurdest du elend, zur Richtstatt gebracht,
zum Bauwerk des Schreckens, aus Knochen gemacht.

Sie peitschten dich hin, durch die Lager der Not,
vorbei an Fabriken mit haushohem Schlot,
wo grausam in Öfen die Hexen verbrannten,
die dich ihre „Mutter Justitia" nannten.

Vorbei an den Galgen, wo Jünglinge hingen,
die sie beim Verteilen von Flugblättern fingen,
die sich wie ein Schutzschild vor Schwächlinge stellten,
und die sich zu niedersten Menschen gesellten.

Es war'n deine Kinder, in Schmerzen gebor'n,
die Helden geworden, ihr Leben verlor'n,
du sahst sie im Lichte, auf reinweißen Wolken,
bis gleich meine Lieben, ich werde euch folgen.

Im Schmerz gingst du weiter, vorbei an den Gruben,
wo Menschenskelette, Skelette vergruben,
vielleicht ihre Freunde, vielleicht ihre Kinder,
verhungert, erfroren im eiskalten Winter.

Dann sahst du auf Frauen, von Viren entstellt,
nach kranken Versuchen an Wände gestellt,
schon flogen die Kugeln und machten sie frei,
als gnadvolle Engel aus Pulver und Blei.

Drei Mal fielst du hin, lagst weinend am Boden,
bis Peitschen und Schläge ein Aufsteh'n geboten,
die Last deines Herzens, sie drückte dich nieder,
dann hörtest du um dich die völkischen Lieder.

Von Panzern, die weithin ins Engelland rollten,
und dort allen Engeln die Feindschaft vergolten,
sie wollten selbst Gott in den Himmeln bekriegen,
und sangen von Schlachten und sicheren Siegen.

Ein Kind wollt' dich tränken, du tatest ihm leid,
ein gelbfarb'nes Sternchen verzierte sein Kleid,
sie schlugen es nieder, es zuckte im Schlick,
ein Stiefel mit Nägeln zerbrach sein Genick.

Jetzt traten im Stechschritt Soldaten hervor,
die Garde des Teufels, das Totenkopfkorps.
die Arme, zum Gruße nach vorne gestreckt,
in dunkelste Trachten mit Runen gesteckt.

Sie nahmen dich an sich, quittierten Empfang,
und führten dich dann eine Straße entlang,
gefolgt von den Herrschern, als teuflischer Riege,
glich's einem Triumphmarsch nach Bild der Antike.

Und überall prangte das Kreuz ihres Gottes,
ein Mal gegen Christus, als Zeichen des Spottes,
die Balken am Ende zu Haken gebogen,
und dann als Pendant in den Himmel gezogen.

Am Ende des Weges, das Zeichen der Macht,
das Bauwerk des Schreckens, aus Knochen gemacht,
sie nannten es zärtlich das weiße Schafott,
nach Farbe der Knochen, dem menschlichen Schrott.

Es strahlte im Blutmond, umgeben von Nebel,
als Stätte des Todes, die Stätte der Schädel,
ein riesiger Schandturm aus Hybris und Grau'n,
beschützt von Soldaten und Stacheldrahtzaun.

Die Lippen geöffnet zum schrecklichen Schrei,
erblicktest du Menschen, auch Kinder dabei,
wohl tausend mal tausend, in Höhe geschichtet,
und ob ihres Glaubens, der Rasse vernichtet.

So starben sie schändlich durch teuflische Horden,
vergiftet durch Gase an gottlosen Orten,
gerichtet im Wahnsinn, als Menschen verachtet,
zu Ehren von Satan wie Vieh abgeschlachtet.

Ganz oben drei Kreuze, zu Haken gebogen,
um die schwarze Vögel auf Beutezug flogen,
sie war'n auf der Suche nach menschlichem Aas,
und fanden an zweien den grausigen Fraß.

Denn dort hingen Leichen, von Kugeln zerfetzt,
du kanntest sie beide, auf's Tiefste entsetzt,
sahst du auf die Göttin des Muts und der Reue,
die leiblichen Schwestern, gestorben in Treue.

Auch sie wurden grausam für schuldig befunden,
mit Seil an die äußeren Kreuze gebunden,
um dort zu verrotten, um dort zu verwesen,
zu machtvoll war'n sie für den Teufel gewesen.

Die Wangen gezeichnet vom Tode bereits,
ward'st du dort geschlagen an's mittlere Kreuz,
sie trieben ins Fleisch dir, die eisernen Nägel,
mit eiskaltem Grinsen und ehernem Schlägel.

Vier Mal deine Schreie, vier Mal dieses Krachen,
als tief in Gelenken, die Knochen zerbrachen,
du senktest die Augen, in Pein deine Lider,
ein Albtraum aus Schmerzen durchfuhr deine Glieder.

Sie lachten nur höhnisch, besessen vom Bösen,
so bitte doch Christus, dich jetzt zu erlösen,
dann tanzten sie vor dir den höllischen Reigen,
begannen ihr wirkliches Wesen zu zeigen.

Kanzler und Könige, Pfaffen und Richter,
rissen vom Leib sich die Menschengesichter,
darunter nur Fratzen, der Hölle entsprungen,
vortrefflich war ihnen die Täuschung gelungen.

Sie schrie'n in Ekstase, ihr Sieg sei vollkommen,
dein linkisches Leben wird dir jetzt genommen,
du wärst doch nur Abschaum, im Grunde nichts wert,
so stirb denn am Kreuz, durch dein eigenes Schwert.

Sie packten die Waffe am goldenen Knauf,
und hielten sie hoch zum Himmel hinauf,
sie schrien immer lauter und auf ihr Geschrei,
zogen von Norden Gewitter herbei.

Gleißende Blitze durchzuckten die Nacht,
ein riesiger Sturm von Donner entfacht,
entsandte zur Erde den blutigen Regen,
die Hölle, sie spendete blutigen Segen.

Urplötzlich dann Stille, kein Laut weit und breit,
die Stille des Todes, es war jetzt soweit,
mit machtvollem Schwertstoß vergoss diese Brut,
in Hass und Verachtung dein heiliges Blut.

Die Klinge des Schwertes, im Feuer gebor'n,
zum Schutze der Menschheit, auf dich eingeschwor'n,
durchbohrte dich Göttin, mit tödlicher Wucht,
als Werkzeug des Bösen, jetzt ewig verflucht.

Dein Körper erbebte, er bäumte sich auf,
er kämpfte zu leben, doch gab schließlich auf,
die Erde erstarrte, unendlicher Schmerz,
zerstört jede Hoffnung, zerstört auch dein Herz.

Zu Tode verwundet durch eigenen Stahl,
hobst du deinen Kopf zum all'letzten Mal,
sahst hin auf die Welt, die du so geliebt,
für die es ab jetzt keine Rettung mehr gibt.

*****

Und in einem Land, in dunkelster Zeit,
schreit ein kleines Kind nach Gerechtigkeit,
bis Flugzeuge Bomben vom Himmel stießen,
dies kleine Stimmchen verstummen ließen.

Wolfgang Matschl

Die vier Plagen

Man sagte mir:

Liebe sei ein tiefes Meer,
in dem ein zartes Herz versinkt,
in dessen Fluten es ertrinkt,
ein Abgrund ohne Wiederkehr.

Liebe sei ein scharfes Schwert,
das sich in deinen Busen senkt,
ein Herz in 1000 Stücke sprengt,
auf dass es Leid und Schmerz erfährt.

Liebe sei ein wildes Tier,
das grausam dir das Herz zerreißt,
und sich in dessen Fleisch verbeißt,
als seines Lebens Elixier.

Liebe sei wie eine Glut,
die sich zu Pein und Qual bekennt,
die lodernd sich durch Herzen brennt,
in Wollust und Zerstörungswut.

So dachte ich, bis ich dich fand,
bis in mir ein Gefühl entstand,
als jene Liebe wohl bekannt,
vor der man mich so oft gewarnt.

Von Angst getrieben wehrt' ich mich,
mit aller Stärke innerlich,
du sagtest nur: Ich liebe dich,
und nahmst mich zärtlich in den Arm.

Da ward, was ich an Angst gefühlt,
von Schicksalswellen weggespült,
und ich im Innern aufgewühlt,
erfuhr wie schön die Liebe ist.

Wir bauten uns ein Nest aus Stein,
als Heimstatt und zum Glücklichsein,
und mit uns zog Fortuna ein,
denn übers Jahr da wardst du Braut.

Ein Mädchen wurde uns gebor'n,
ein Engel für uns auserkor'n,
und täglich hab ich mir geschwor'n,
für euch für immer da zu sein.

Allnächtens sprach ich jetzt zu dir,
die Liebe ist kein wildes Tier,
kein Feuer, Schwert, kein Meer in mir,
die Warnung, ich versteh' sie nicht.

Denn Liebe sei doch Seligkeit,
ein Hauch von Gottes Ewigkeit,
der wahre Sinn der Lebenszeit,
die Warnung, ich versteh' sie nicht.

Es war ein Morgen im August,
da machte mir ein Arzt bewusst,
ein Tumor wuchs in deiner Brust,
du würdest geh'n zur Frühlingszeit.

Und als der warme Frühling kam,
und Gott dir alle Schmerzen nahm,
erstarrte ich vor Leid und Gram,
als ich vor deinem Grabe stand.

Ein Blütenmeer bedeckte dich,
und blind vor Tränen sagte ich,
ich werd' dich lieben, ewiglich,
auch wenn du nicht mehr bei mir bist.

Ich spürte jetzt, wie ich ertrank,
wie Schwertes Klinge in mich sank,
das wilde Tier mein Herzblut trank,
und Feuers Glut mein Herz zerriss.

So wünscht' ich mir, ich läg bei dir,
doch dann kam unser Kind zu mir,
stand klein und hilflos neben mir,
und drückte sich ganz fest an mich.

Da wollte ich mein Leid ertragen,
wollt' ob des Kindes nicht verzagen,
und warnend ihm in fernen Tagen,
was du mich einst gelehrt hast, sagen:
Weit schlimmer sei als all die Plagen,
im Leben nie geliebt zu haben.

Marita Wilma Lasch

Höchstpersönliche Trilogie rund um meine Einsamkeit

I.

Klage über die Einsamkeit hoch zwei bei abnehmender Kraft
Nach dem schmerzenden Tod meines Mannes
vor sechseinhalb Jahren
ist auch meine Mutter nach fünfeinhalb Jahren
bei mir in den Himmel gefahren.
Seit eineinhalb Jahren bin ich mit zwei alten Hunden
und einem ebensolchen Kätzchen allein,
nur sehr selten schauen Gäste bei mir herein.
Die sehen dann auch die Fische im Teich –
ein von mir angelegtes neues Reich.
Zu meinem Leidwesen habe ich keine Kinder –
gewiss wären diese Sinnfinder.
Ortswechsel behinderten Freundschaften und
Lebensaufgaben Nähe.
Jetzt kräht nach mir fast keine Krähe.
Ich muss es einfach realistisch buchen:
Es kommt mich, wie gesagt, kaum jemand besuchen.
Fast nur beim Einkaufen ich Menschen sehe,
deswegen ich gerne zu Aldi, Edeka und Raiffeisen gehe.
Ansonsten lebe ich traurig für mich hin,
vieles macht für mich kaum mehr Sinn.
Mir macht eben kaum etwas Freude allein,
ich kann ohne Kommunikation nicht glücklich sein.
Das Essen ist mir fast verleidet.
Die Unlust ist in Abnehm-Notwendigkeit verkleidet.
Die Tiere ver- und den Abfall ent-sorgen
erwartet mich an jedem Morgen.
Nur das Haus andauernd blitzeblank zu putzen
hat für mich keinen inneren Nutzen.
Selbst Kochen (siehe oben) macht mir kaum noch Spaß.
Mähen kann ich auch nicht mehr das Gras,
der ganze Garten ist verkommen –
fast alle Energie ist mir genommen.

Der Körper schmerzt bei vielen Sachen.
Aber es ist auch niemand da zum gemeinsamen Lachen
oder jemand, der sagt: „Gut gemacht!"
Und damit neue Lebensgeister und Motivation entfacht.
Sport hat mich noch nie interessiert,
dies zu gestehen mich nicht geniert.
Auch das Spazierengehen und das Wandern
überlasse ich wegen starker Kniebeschwerden den andern.
Flötespielen – eine Option für 's Alter – kann ich nicht mehr,
dafür versagen und schmerzen die Finger an beiden
Händen zu sehr.
(Das hätte ich gedacht nie:
Ich leide an einer Polyneuropathie!)
Mit dem für mich früher so wichtigen Singen
hörte ich auch auf nach gehörigem Ringen.
Zum Reisen habe ich nach sehr vielen solchen keine Lust,
das bewirkt nicht nur bei meinem Bruder in Österreich Frust.
Auch wenn er es nicht kann fassen:
Ich kann die alten Tiere nur kurz alleine lassen.
Ich besuche auch keine Kirchengemeinde,
mein abweichender Glaube würde wahrscheinlich
nur schaffen Feinde.
Oft denke ich: „Ich muss unbedingt dies oder jenes tun –
Und dann: „Nein, lieber Morgen! Heute: länger ruh'n!"

Plötzlich wurde jetzt unterbrochen mein einsames,
eintöniges Leben:
Stieftochter Petra und ihr Mann Charly haben
es mir als Geschenk gegeben:
Die Einrichtungsmanagerin eines Berliner Altenheims
hat extra Überstunden genommen,
um zu ihrer „zweiten Mutter" (der Stiefmutter) zu kommen!
Sechs Tage kam die von meinem Mann verschwiegene
Tochter mit Söhnchen Joel (7) hierher.
Sie hat fleißigst geputzt – und noch viel mehr.
Harmonisch unterhielten wir uns über Gott und die Welt.
Und gaben (nebenbei) aus ziemlich viel Geld.
Petra hat mir auch einige Tipps gegeben,
die erleichtern mein alltägliches Leben.

Joel raste die Treppe zum „erneuerten" Gästezimmer rauf
und runter
und war auch insgesamt mehr als munter.
Den neuen Elektrokamin stellte er – höflich fragend –
an und aus,
rannte gerne aus dem Haus.
Er flirtete mit seiner Mama oft charmant
und er hat die Schwachstellen der „neuen" Oma erkannt.
Täglich machten wir ein wenig „Unterricht",
damit Joel verpasst den Schulanschluss nicht.
Geschenke wanderten hin und her -
natürlich freuten sich alle über alles sehr!
Auch Hund Micky war zufrieden:
Während die große Sarah und das zarte Kätzchen
den Wildfang lieber mieden,
hat Sheltie Micky Joels Liebkosungen geliebt –
zumal es solche nicht häufig hier gibt.
Weil ziemlich ungewohnt, war dieser Besuch sehr
anstrengend, aber auch wohltuend für mein Herz.
Deswegen brachte der Abschied nicht nur Dank,
sondern auch Schmerz.

Dann waren sie also wieder fort,
zurückkehrend in ihren entfernten Heimatort.
Das Haus ist ohne Petra und Joel leer
und das Ertragen der Einsamkeit doppelt so schwer.
Eigentlich sollte ich ja nicht klagen,
sondern einen Neuanfang wagen,
aber es fehlt mir einfach die Energie, die Kraft,
die erfülltes Leben schafft.
Ich sinniere,
damit ich nicht den Mut verliere:
Ach so: eines will ich nicht mehr missen:
Damit sie mich am Leben wissen,
ich zweimal täglich den Knopf des Johanniter-
apparates drücke
(und mache damit den Elefanten zur Mücke.
Ich weiß, dass das Sprichwort das Gegenteil sagt.
Das hätte aber der Reim beklagt.)

Haha – da ist er: mein Galgenhumor!
Schenkt bitte jetzt meiner Positiv-Schale euer Ohr:
Trotz aller geschilderten Einbußen und Zipperlein
fallen mir noch einige Mittel gegen die Depression ein:
Es gibt noch viel zu ordnen und zu gestalten;
außerdem muss ich meine Rente verwalten.
Die große Lust am Schreiben ist mir geblieben
und hat schon oft schwarze Wolken
aus den grauen Zellen vertrieben.
In mehreren Büchern schreib' ich – auch –
von meines Lebens Lauf
(und mir dabei manchmal die Haare rauf'!)
Insgesamt hab' ich wenig Möglichkeiten zur Wahl,
aber ich glaube, Gott holt mich aus jedem Tal.
Und nun muss ich machen Schluss –
es ruft des Lebens Fluss.
Übrigens möchte ich noch ganz viel verstehen
bevor ich muss für immer gehen.
Ihr braucht aus Mitleid nicht zerfließen:
Das Leben ist besser, wenn wir es genießen!

II.

Gegenwartsphänomen Müdigkeit
Im Nachtrag zu meinem Einsamkeitsbekenntnis
widme ich mich noch einer anderen Erkenntnis:
Durch ein Thema im Radiosender NDR/ Kultur
ich bedeutende Anregung erfuhr.
Eine Diskussion auf der Buchmesse mit dem Thema
„Schlaflos in Frankfurt" die Grundlage ist.
Bei „BücherLeben extra" wurde produziert offenbar
absolut kein Mist.
Es ging um die Literatur in verunsicherten Zeiten.
Den Interpreten des Themas gelang es,
meinen Horizont zu weiten.
Als Gegenwartsproblem wurde am Beispiel dreier
Romane die Müdigkeit angesprochen.
Verständnis dieses bei mir auftretenden Problems
habe ich mir versprochen.

Das Phänomen wird multifaktoriell beschrieben –
Jeder kann sich hier wiederfinden, Ihr Lieben!
Ich versuche, die Müdigkeit unter das Dach der
Einsamkeit zu bringen:
Wahrscheinlich wird mir dies unschwer gelingen.
Müdigkeit – so behaupte ich – kann unter anderem
auch die Folge von Einsamkeit sein.
Fehlende Ansprache könnte also münden in
Müdigkeit ein.
Durch andere Menschen könnte man die Müdigkeit
teilweise verbannen dann.
Voller Rücksichtnahme war diesbezüglich mein
(zweiter) Mann:
Wenn ich bemerkte: „Ach, wie ich doch so müde bin!"
Er sagte: „Dann lege Dich doch einfach hin!"
Aber jetzt ist ziemlich verändert mein gesamtes
Schlafverhalten:
Kaum noch etwas ist beim Alten:
Um 23 Uhr gehe ich gewöhnlich todmüde zu Bett.
Gleich kommt mein Kätzchen zwischen Kopf und
Schulter – das ist nett!
Es kommt auch zeitweilig auf meinen Busen –
zum ausgiebigen Schmusen.
Aber einzuschlafen gelingt mir nicht immer;
um zwei Uhr liege ich oft noch wach.
Was schwirrt nicht alles in meinem Kopf herum – ach!
Außerdem m u s s mein Schlaf oberflächlich sein,
denn alle drei alten, geliebten Fellträger pieseln
abwechselnd ins Wohnzimmer rein.
Ich muss ihre Unruhe hören.
Und dann sie meinen Schlaf stören:
Mit Küchentüchern muss ich die Pfützen entfernen.
Ich fürchte, sie werden's nicht mehr lernen,
mir richtig Bescheid zu geben, sodass ich öffnen
kann die Türen,
um sie zu verführen,
ihr Geschäft auch nachts im Garten zu verrichten.
Jetzt hör' ich auf, d a v o n zu „dichten".
Ich schlafe meist dann wieder ein,

118

werde spätestens um sieben Uhr aber wieder
„wach" sein.
Aber nach einigen täglichen Verrichtungen kehrt
die Müdigkeit zurück.
Mich gleich wieder hinlegen zu können, ist des
Alleinseins Glück.
Meistens schlafe ich dann tief
und mein Hirn seltsame Träume aufrief.
Dann aber muss ich zum Beispiel zum Einkaufen
fahren, nein gehen,
um, wie gesagt, ein paar Menschen zu sehen.
Nah dem Mittagessen für uns vier
muss ich wieder einiges tun,
dann lege ich mich wieder zum erholsamen Ruh'n.
Im Ganzen werden es dann die fünf bis acht
Stunden sein,
die den Forschern fallen als Schlafmaximum für
Senioren ein.
Wie gesagt – vielleicht würde diesen Schlafrhythmus
ändern ich,
falls veränderte meine Einsamkeit sich…

III.

Von der Leichtigkeit des Reimens
Momentan kann ich es nicht lassen,
das exzessive Reime-Verfassen.
Nummer I hab' ich meinem jüngeren Bruder geschickt,
damit er zu dem Inhalt nickt.
Was hat er zurückgeschrieben,
was ist bei ihm hängengeblieben?
„Tja, liebe Schwester, was soll man zu diesem
höchstpersönlichen Gedicht sagen?
Das Beste ist der Schluss: Nicht verzagen!"
Er macht mir also Mut –
gemäß Sophokles: „Der Himmel kommt niemals dem
zu Hilfe, der nichts tut."
Aber schon bezeichnet er sich selbst „auch" als Dichter.
(Er ist übrigens pensionierter Rechtsanwalt, nicht Richter.)

Ich selbst mich – bescheiden – nicht als Dichterin verstehe,
sondern mich nur als reimende Erzählerin sehe.
Zur Definition des Reimens folgt gleich ein Satz –
ich denke, er steht hier am richtigen Platz:
Die Reimerei ist zwischen Prosa und Poesie positioniert
und dabei Elemente von beiden integriert.
Bei Reimen vorwiegend handwerkliches Geschick
ist vonnöten.
Bei Gedichten kann Alltägliches Phantasie töten.
Meist schweben die Gedanken in anderen Sphären
und Einblick in ferne Gedankenwelten gewähren.
Beides erfordert Kreativität,
die Gott unter uns Menschen gesät.
Eine Zeitung titelte: „Der Puls beruhigt sich beim Plaudern"
Vielleicht reime ich deswegen ohne Zaudern?
Mehr eine Plauderei sind diese Zeilen,
die tiefen Tiefen eher enteilen.
Mich mitzuteilen und zu unterhalten ist mein Begehren,
mein Inneres muss sich nicht dagegen wehren.
Gedichte sind meist schwerer zu verstehen.
Ich aber will im Moment auf Nummer sicher gehen:
Mit Reimen ich, wie gesagt, Alltägliches erzähle
und dabei – verdichtend – passende Wörter wähle.
Ich gebe dabei Erlebtem Raum,
in die Tiefe gehe ich kaum.
Aber reimend ich der Einsamkeit entrinne
und wieder Lebensmut gewinne.

Marita Wilma Lasch

Guckloch in ein privates Affentheater (eine Ballade)

Die Autorin mag die meisten Tiere, auch Affen.
Aber in diesem Fall kann sie sich nicht zum Lachen aufraffen.
Lassen Sie sie erzählen!
Ihre eigene Auffassung können Sie dann wählen:
„Vor sechsdreiviertel Jahren ist – unerwartet innerhalb von
drei Wochen – mein (zweiter) Mann gestorben.
Ein halbes Jahr vorher hatten wir ein Haus erworben.
Ich sagte „wir" obwohl das nicht ganz stimmt.
Ein Affe nun dieses „wir" übernimmt.
Also: wir ist falsch, weil nur ich konnte mit dem Erlös meines
vorherigen Hauses mühsam kaufen.
Meinem Mann waren in Amerika alle Mäuse davongelaufen.
Beim Kaufvertrag habe ich nicht überlegt:
Nicht materielle Gesichtspunkte haben mich bewegt.
Das heißt, dass eigentlich das Wort „wir"
stand nur auf dem Papier.
Das Haus sollte u n s e r Haus sein in u n s e r e m Leben.
Unüberlegt hab' ich ihm die Miteigentümerschaft gegeben.
Dann kam Gevatter Tod, brachte mir Traurigkeit und Not.
Ein Testament hatte mein Mann nicht geschrieben.
Das wäre auch sinnlos gewesen, war ihm ja nichts geblieben.
Das heißt, ich muss es sagen fix:
Sein Erbe betrug eigentlich nur Null-Komma-nix.
Jetzt aber kommt die deutsche Bürokratie ins Spiel
mit einer Rolle, die mir nicht gefiel:
Zunächst war nur noch die Hälfte („meine eigene") von
Haus und Grundstück mein.
Es setzte die gesetzliche Erbfolge ein,
das heißt, die andere –„seine" – Hälfte wurde aufgeteilt
an mich und seine Kinder.
Gericht und ich wurden in dieser Angelegenheit Finder:
Die Tochter Orya, die ich für den Erbschein nannte, lebt
In Amerika.
Ich kontaktierte sie, die ich noch nie sah
und kündigte ihr auf Englisch das Erbe an;

ergänzend fügte ich hinzu,
wegen der Abzahlung kämen Kosten auf sie zu,
weil sie die Kosten müsse anteilig mitzahlen im Nu.
Eine Antwort erhielt ich nicht.
Genauso erging es dem Gericht,
das von ihr eine Geburtsurkunde wollte,
was sich als nicht erfüllbar erweisen sollte.
Eine eidesstattliche Erklärung in Englisch habe ich
ihr geschickt und erklärt.
Sie hat mir aber kein Gehör gewährt.
Die Klärung war also äußerst schwer,
andauernd ging es hin und nicht her,
Obwohl ich schon von dieser Sache hatte genug,
noch eine weitere Bombe einschlug:
Über meine Rechtsanwältin informierte das Gericht,
dass es blieb bei dieser Tochter nicht.
Es gab noch eine Tochter, Jamira, außerehelich gezeugt.
Mein Mann hatte die Moral gebeugt!
(Das war fast 50 Jahre bevor wir uns kannten
und für zweidreiviertel Jahre mit staatlichem und
kirchlichem Segen Mann und Frau nannten.)
Jamira und ihre Familie und ich lernten uns kennen
und verstehen.
Mindestens viermal im Jahr wir uns seitdem sehen.
Falls Sie denken: Jetzt ist aber Schluss,
ich Sie leider enttäuschen muss:
Über fünf Jahre nach meines Gatten Tod
wurde ich nochmals gehörig rot:
Das Gericht legte einen Familienbuchauszug vor,
durch den ich kurzfristig meine Kontenance verlor:
da stand eine dritte Tochter, Rebecca, drin.
Aber – o jeh – wo ist die nur hin?
Das Gericht und Jamiras Mann haben sie nicht gefunden.
Aber ich suche weiter in Amerika,
wo ich bei Facebook eine Verbindung sah.
Aber ich wundere mich doch sehr:
Wo hat das Gericht diesen Familienbuchauszug her?

Dem sei nun alles wie es ist –
Nur: es hat alles Auswirkungen auf die Erbschaftsfrist:
Gerichtsentscheidungen müssen immer allen Beteiligten
mitgeteilt werden
und das könnte in diesem Fall schwierig werden.
Ob es nun drei oder vier (eine zweimal) Vermählungen
vor mir waren
oder eins, zwei, drei Kinder von verschiedenen Frauen mit den
Jahren –
Was hat eigentlich das Chaos mit meinem Haus zu tun?
Wann eigentlich kann ich endlich ausruh'n?
Meine Rechtsanwältin hat vor Jahren gestellt einen Antrag
für einen Teilerbschein,
mir wird dann zugeschrieben ¾ von Grundstück und von
meinem Haus.
¼ kommt dann noch für die Töchter raus.
Tochter Nr. 1 (Jamira) ist ehrlich interessiert.
Sie ist aber (und grundsätzlich ich) die einzige, die bei der
verwirrenden Chose verliert.
Tochter Nr. 2 (Rebecca), von der 99%-ig mein Mann nicht
der Vater ist, ist ein unauffindbares Kuckuckskind:
die Beziehungsverhältnisse damals sehr verworren sind.
Tochter Nr. 3 (Orya), wenn sie (ohne gültige Geburtsurkunde)
eine ist, kein Deutsch kann,
ließ sich schon fast sechs Jahre Zeit – vielleicht wegen
ihrem amerikanischen Mann…
Fazit: ich besitze seit fast sechs Jahren nach dem Tod
meines Mannes noch keinen „Teilerbschein",
obwohl allein von meiner Rechtsanwältin gingen mehr
als 20 Briefe ein.
Warum kann „Tochter Nr.1" (Jamira) nicht das ganze herum-
schwirrende Viertel „erben"?
Ohne Ausnahmen kann das Gericht nicht wirklich für
Recht werben!
Warum keine individuellen Lösungen bestehen,
will nicht in mein blond behaartes Haupt hineingehen!
Eine Farce ist die Geschichte dieses Affentheaters –
oder: das Ergebnis eines verantwortungslosen Vaters?

Marita Wilma Lasch

Die **Vielschreiberei**

hier und heute mein Thema sei.
(Es könnte immer
kommen schlimmer:
Denken Sie an die ähnlich klingende Vielweiberei,
die heute n i c h t mein Thema sei!)
Ich weiß, dass ich eine Vielschreiberin bin,
da macht ein solches Thema Sinn.
Es gibt auch viele Autoren in diesem Buch,
bei denen ich nach diesem Phänomen such'.
Manch Kritiker sagt, Vielschreiberei sei grottenschlecht.
Ich halte dagegen, es ist halt echt.
Sicher, Qualität ist wichtig,
das findet auch mancher Vielschreiber richtig.
Zur Quantität ist er verdammt!
Wer hat ihm die ins Herz gerammt?
Natürlich – teilweise es die Gene sind.
Ich erlebte zum Beispiel als ich war Kind
immer, wenn wir zu Besuch im Schwarzwald waren
und Tante und Vater hatten intus den einen oder anderen Klaren,
sie sich den ganzen Abend unterhielten in (guten) Reimen –
ich vermute, da fing meine Lust am Reimen an zu keimen.
Vielschreiber – so ein Blick vor und zurück,
haben öfters auch ein wenig Glück!
Keinesfalls ich mich zum Schreiben je quälte,
ob ich nun Gedicht, Glosse oder Erzählung wählte.
Die Gedanken überfallen mich
und dann fröhlich ausbreiten sich.
Mancher glaubt, zu allem etwas sagen zu müssen
und lässt sich deswegen von der Muse küssen.
Oder rare Mitteilungsmöglichkeiten
ihn oder sie zur Vielschreiberei verleiten.
Oder das Leben ist teilweise unausgefüllt,
sodass der Betroffene auch ausgefüllte Blätter zerknüllt.
Eine Prise „Manie" könnte auch dabei sein.
Mehr Gründe für Vielschreiberei fallen mir jetzt nicht ein.

Es ist halt so: auch wenn du bist begierig:
den Wortfluss zu stoppen ist häufig schwierig!
Hier ein Beispiel ich vorbringe,
wie ich öfters mit mir ringe:
Ich bearbeitete es zu lang zwar,
aber mein Deutsch-Thema im Abitur war:
„Non multa, sed multum".
Ich bin ja nicht übermäßig dumm:
Das ist lateinisch und heißt: „Nicht vieles, sondern viel".
Und das ist ja eigentlich auch mein Ziel.
(Aurea mediocritas (den goldenen Mittelweg) einzuhalten
fällt nicht immer leicht der Alten!)
Es passiert mir immer wieder:
Zu viele Worte prallen auf's Papier oder den PC nieder.
Ich würde eigentlich meinen,
am besten wär's Quantität und Qualität zu vereinen.
Ein kleiner Trost ist, dass es Mitmenschen auch so geht,
sodass mancher das Problem versteht.
Und selbst unser Nationaldichter Johann Wolfgang von Goethe
hatte bisweilen solche Nöte.
Nicht alles, was er schrieb war gut!
Das sollte dem Otto-Normalschreiber machen Mut!
Ich denke wohl, es ist eine Gabe,
an der sich die eine oder der andere labe!
Ein besonderes Beispiel für Vielschreiberei sei noch genannt:
Nicht allen ist Friederike Klempner (1828-1904) bekannt!
Sie verfasste sehr viele Novellen, Trauerspiele und Gedichte;
Deswegen ich sie aufnehme in die Vielschreiber-Geschichte.
Die „Schlesische Nachtigall" ist ein besonderer Fall –
(Entschuldigung: die Frau hatte einen Knall!)
Sie hat es – als gnädig „produktiv" bezeichnet –
ins Netz geschafft
mit ihrer – Vorsicht Spott – herausragenden Dichter-Kraft.
Eine „Großmeisterin der unfreiwilligen Komik" ist sie gewesen.
Vieles von ihr hab' ich erschaudernd gelesen.
Ihr Gedicht „Schweiß"
ich jetzt aus Wikipedia reiß':
„Willst gelangen du zum Ziele,

Wohlverdienten Preis gewinnen,
Muss der Schweiß herunterrinnen
Von der Decke bis zur Diele.“

Oder (sie ist ja über 70 Jahre tot,
so machen die Zitate keine Not):

„Besessen ist die Welt
Von Eigennutz und Geld
Und alles zum
Verzweifeln dumm.“

Auweiha, aber Recht hat sie,
das bemitleidenswerte Vielschreibe-Genie!
Zum Glück ist in der bestrittenen Vielschreiberei
auch die Möglichkeit zum Lächeln und Lachen dabei!
Mit der großen Bitte um Toleranz
will ich nun diese Zeilen schließen ganz.
Ich hoffe, Sie haben's verstanden nicht verkehrt:
Ich hab' nur vor der eigenen Türe gekehrt!
Und ich wollte Ihnen schenken
ein paar Zeilen zum Fühlen und Denken.
Das ist's gewesen –
ich danke für's Lesen!

Marita Wilma Lasch

Spontanes Reim-Hilfs-Alphabet

Reihe 1	Reihe 2	Reihe 3	Reihe 4	
Angebot	Haus	Ort	Vergebung	
Brot	Maus	dort	Absegnung	
Not	Graus	Mord	Belebung	
Beide Bote	Inge	Puppe	Wand	Wild
Kreide Rote	Dinge	Gruppe	Band	Bild
Weide Schote	Ringe	Suppe	Sand	mild
Christ	Jubel	Quelle	Xantippe	
bist	Rubel	Pelle	Lippe	
Frist	Trubel	Welle	Rippe	
Depp	Kuh	Rose Reise	Yin – Yang	
Rap	Ruh'	Dose Speise	Anfang	
Sepp	Schuh	Lose Weise	Gesang	
Engel	Last Leben	Stamm	Ziel	
Bengel	Mast geben	Kamm	Kiel	
Stängel	Rast weben	Lamm	viel	
Frau	Menge	Teich		
mau	Gänge	reich		
Sau	Ränge	weich		
Grund	nicht	Unmut		
Fund	dicht	gut		
Mund	Gewicht	Wut		

Zum Umgang mit dieser Liste: Schnell raten, wie viele Worte hier stehen, dann zur nächsten Aufgabe gehen: Jetzt aus je Reim-Worten sinnvolle Reime machen – da gibt 's wahrscheinlich viel zu lachen. Nun können Sie die Zufallsliste ergänzen und anschließend den spassigen Unterricht schwänzen!

Gabriele von Dalwigk

Besinnliche Weihnacht

Ich hab den Weihnachtsmann geseh'n,
da drauss' im Wald sah ich ihn steh'n
und in die Bäume flüstern ... „mmmmmm Tannenduft ...",
er schien erregt, gar lüstern und tiiiiief zog er die kalte Luft
durch bewegte Nüstern. Auf! zünden wir die Kerzen an
und trinken Punsch auf ihn und dann
- besinnen wir uns mal genau -,
vielleicht ist ja des alten Mannes Herzenswunsch
schon lange eine Weihnachtsfrau?

Gabriele von Dalwigk

Fühl' ich mich reich ...
hab ich doch ein Gedicht gemacht,
ich ahm' ihm nach, dem GOETHE ...
Au... der Vergleich ...!
hat mir jetzt das Gesicht bedacht
mit S c h a m e s r ö t e!

Gabriele von Dalwigk

Das Dilemma oder Keule, Brust, Bauch

(Neu-Vegetarierin erhält Einladung zum Gansessen)

Ich hab die Gans zum Fressen gern
doch sie zu essen liegt mir fern
Ich halt mich raus ich Dödl,
satt macht auch Kraut und Knödl ...
Mir tut das arme Tier so leid,
denn jedes Jahr zur Weihnachtszeit
Rupft man sein schönes Federkleid ...
Dann kommt es in den Bräter,
prompt wirst du zum Verräter ...
ICH geb mir nicht die Blöße,
Nein! zieh mir nur Kraut und Klöße rein ...
Doch plötzlich scheint mir so verschwommen,
was ich mir da hab vorgenommen,
Denn wenn ich hier die Andern seh',
an ihren Keulen knabbern,
Reut der Verzicht auch schon ojeh!
gleich fang' ich an zu sabbern,
Oh diese Qual, oh dieser Frust ...!
Ich hab's gewußt ...!
Die Keulen sind vergeben
doch das Beste ist noch allemal die Brust!
B e d i e n u n g!
(vom guten Vorsatz abgekommen,
hab ich dann auch nicht abgenommen,
die Gans war fett, ich bin es auch,
lästig' Korsett da um den Bauch ...
schwör hiermit exemplarisch
ab Neujahr v e g e t a r i s c h!
Zumindest bis zur Weihnachtszeit
tut Schlachtvieh mir ganz schrecklich leid,
schmeckt das jetzt nach Scheinheiligkeit?)

Philipp Noever

Des Tages Tod

Und hier am Waldesrande
sitz ich allein mit mir

Ich höre wohl die Winde
Und vielerlei Getier

Ich schaue in die Dämmrung
Und frage mich erneut

Was ist der Sinn dies' Ganzen?
Gehts doch nur um die Freud'?

So schau ich nun gen Westen
Es zieht schon auf der Mond

Lässt Gräser silbrig glänzen
und ist des Tages Tod

Philipp Noever

Das Borderline-Mädchen

Dunkelheit schrie aus der bodenlosen Tiefe ihrer Augen
Sehnsucht und Schmerz lieferten sich einen erbitterten Kampf
Und warfen ihre Seele hin und her zwischen Licht und Dunkelheit
Der hellste Lichtstrahl vermochte es nicht, ihr Herz aufzutauen
Die dunkelste Nacht vermochte es nicht, ihre Liebe zu ersticken
Und so befand sie sich auf der Grenze zwischen Licht und Dunkelheit
Und sehnte sich nach Nähe und Geborgenheit,
damit sie beides zerstören konnte

Philipp Noever

Grenzwandeln

Des Frühlings erster Sonnenstrahl auf meine Seele traf.
Ich fragte voller Tatendrang, ob ich sie sehen darf.
Ein Rendezvous in ihrer Stadt, ein Abend sollt' es sein,
Ich wusste schnell, ich will ihr Herz, und zwar für mich allein.

Das Frühjahr zog an mir vorbei, und bald wusst' ich geschwind,
Die schnapp ich mir! Die krieg ich rum! Ich wurd' zum Wirbelwind.
Ein Treffen folgte aufs Nächste und bald war es fast Mai,
In einer späten Aprilnacht war das Warten dann vorbei.

„Ich will mit dir zusammen sein", sagte ich ihr ganz offen.
„Bist dus nicht längst?", kam als Antwort, die Entscheidung war getroffen.
Wir waren also nun ein Paar, frisch gesund und munter,
Doch bald schon wurde mir dann klar, es geht den Berg hinunter.

Der schwarze Sog der Dunkelheit zog mich in ihren Bann,
Die kranke Seele in ihr fing langsam zu schreien an.
Ein Auf und Ab der Emotion trieb sie wie eine Not,
Und trat ganz sicher Stück für Stück meine Gefühle tot.

Schneidend wie die Messerspitze waren ihre Worte,
Demütigend und eiseskalt und von der schlimmsten Sorte.
Im nächsten Augenblick aber fiel sie mir um den Hals.
„Du hast mein Herz!", sagte sie mir und küsste mich mehrmals.

So hing ich nun an der Grenze fest, zwischen Liebe und dem Hass,
Und kroch zu ihr in tiefster Nacht, gebeutelt von der Last.
Ich hätte mir nicht träumen könn', dass dies einmal so endet.
Hätt ichs gewusst dann hätt ich nicht meine Lebenskraft verschwendet.

Philipp Noever

Der erste warme Tag

Die Sonne geht auf
Der Nebel liegt noch über den Dächern.

Die Menschen huschen geschäftig hin und her
zwischen Bäckerei und Straßenbahn.

In der Luft liegt ein Duft nach Kaffee und Erwartung,
Die ersten Strahlen der Frühlingssonne erwärmen den Asphalt.

Die Luft flimmert im Esprit des Aufbruchs
Das Abenteuer steht bevor, der Frühling naht.

Die Sonne geht unter,
Dunkelheit senkt sich über die Stadt.

Die Menschen ziehen sich zurück in ihre Wohnungen,
Sie öffnen ihre Fenster und lassen die Abendluft herein.

Der erste warme Tag ist vorbei,
Die Luft flimmert im Schein der Straßenlaternen.

Der Esprit des Aufbruchs ist fast greifbar,
Denn das Abenteuer steht bevor, der Frühling naht.

Beate Loraine Bauer

Klimafrage anders

Momentan ist aktuell alles auf das Thema „Klima"
ausgelegt bis fixiert.
Große Worte wie Engagement von
jung bis alt
treten gemeinsam dafür ein.
Stark sein für die Umwelt!

Wie nehmen wir in zwischenmenschlichen Momenten
das Wir-Klima wahr?
Wenn mit Schuhen auf öffentlichen Sitzgelegenheiten
gestanden wird, Ego-Ellenbogen im Alltag ausgefahren sind
beim vielleicht fremden Miteinander, respektvolles
in die Augen sehen und Rücksicht leben
weniger Gegenwart erfüllt... Nebeneinander Wellen...

Manchmal spüren wir sehr direkt eine Kühle.
Ob im Beruf wie Begegnungen
verlieren sich Werte – gutes zusammen sein und mehr.
Zeitweise sind wir uns dessen sehr bewusst,
ein anderes Mal nehmen wir es einfach still hin.
Erlangt es stückweit Selbstverständlichkeit.

So trifft das ich und du
mit jeweiligen Bedürfnissen wie Menschenstruktur
im selbstgewählten Klima von
Nebelschwaden, Herbststürmen, Eiszeit, Regenschauern,
Frostblüten, Tautropfensternen oder Sonnenlächeln
aufeinander.

Was für ein Klima sollte dich täglich begleiten?
Welches bringst du ins Umfeld eigenverantwortlich ein?
Wo Bedarf es direkten Einsatz?
Wo wünschtest du dir mehr gesunde Atmosphäre
die im Wir gelebt wie erfahren würde?

Wo finden wir noch wandelbare Ressourcen im Einbringen?
Wo darf Seelenatemreise wertvoll ins Begegnungsland
berühren – denken – entfalten – leben – wandern?
Erfüllt – agil – getragen von zugewandter Gemeinschaft.

Beate Loraine Bauer

Wenn die Stimmen

Wenn im Heute die mahnenden Stimmen klar hörbar wären
– aus den tiefen Gräbern des vergessenden zweiten Weltkrieges –
was würden sie uns wohl sagen…

Soldaten im Krieg
als verschleudert dogmatisches Munitionsfutter
einer Parole fordernden Führermacht dienten.
Eiseskälte – Hunger – Gewalt und Tod erfuhren…
Arisch jung der wartenden Kampfsense zum Opfer gefallen.
Oder Gefangenschaft im fremden weiten Russland –
einsam geknechtet der Heimat fern –
nur Sehnsuchtsträume, die nächtliche Gegenwart füllten.

Wenn die gesichtslosen Stimmen aus den Gräbern
der Konzentrationslager
emphatisch erklingen würden…
Von ihren persönlichen harten Schicksalsspuren –
inhumaner Verfolgung – Erniedrigung – Auszehrung –
Entwürdigung – Folter – Mord
als Erlebnisworte mahnend blutig
ins Gesellschaftsfundament ritzen.

Sie wären wahrer Weckruf –
gegen neue Parolen –

Ausgrenzungen wie altdenkende Machthierarchie
In reinster Erfahrungskultur wissend
welche verheerenden unvorstellbaren Auswirkungen

134

das auf jeden Einzelnen hat.
Über zahllose neu geborene Generationen hinweg.
Eine immens schwere Schulterlast aufgebürdet
mit endlosem Horizontausmass.
Eingebrannte Seelenhautnummern in denen
unbekannte Menschen
in bedeutsame Katastrophen gewoben sind.
Atemzeit mit nachdenklicher Trauerfarbe.

Wenn die Stimmen rufen könnten –
riefen sie laut und nachhaltig FRIEDEN
– Versöhnung – Heilung – Miteinander.
In allen Sprachen – Kulturen – Religionen
einfach als MENSCH unter Menschen.
Mit Respekt – Würde – Toleranz
im wertig aktiven WIR global
bewusst eigenverantwortlich
Gesicht zeigen und Stimme werden
für den lebendigen FRIEDEN.

Beate Loraine Bauer

Lass uns gehen

Bist du manchmal nicht
genervt oder müde,
von all den negativ getakteten Tagesnachrichten?
Nimmt uns das reine funktionieren müssen –
nicht den Individualatem weg…
Zwischen den Hochhäusern der Stadt –
die egoistischen und wertelos ausgefahrenen Ellenbogen spüren
wie das in Frage stellen
in sich tief selber wahrnehmen…
Im Schnelltempo verschlingende Tage und Nächte
im Überholen seines Ich's…
Stecken bereits fest medial manipuliertem Jetzt-Erlebnisboden.
Stille spüren bei allem Lärm

von gehetzten Menschen in drängelnde Massen,
gezückt benutzten Handys und rücksichtslosem mehr...
Stetig erreichbar und erreichen doch nichts...
Augenhöhe und direkte respektvolle Dialoge erleben lassen,
anstatt oberflächlich bis mechanisch abwinkend
das stereotype IN-Sein zu praktizieren...
Hörst du dein Herz – deine Seele –
deinen Gegenwartsatem
die mit dir vielfältigste Lebensspuren begehen?
Welche Melodie und Zeilen soll dein Daseinsbuch erfüllen?
Situationsmenschen die gebetsmühlenartig
wiederholende Szenarien hervorrufen
verbauen deiner Seele positive Entfaltungskraft...
Bremsen aus – gestalten Wunden – bis du Entscheidung fällst
für Veränderung oder LOSlassen...
Lass uns gehen
zu den großen Feldern
lass uns säen Frieden und Heilung –
mischen wir noch Akzeptanz – Toleranz und Wertigkeitsblüten
dazwischen.
Lass uns gehen durch die wunderbaren
Erkenntniswälder,
lass warme Sonnenstrahlen auf das Gesicht fallen,
spür Meereswellen an den Beinen,
blicke hinab vom Bergesgipfel,
tanze mit dem Blätterwind...
Lass uns Antworten finden
wie kunterbunt glückliche Lebensherzfarben.
Lass uns gehen die Welt verbessern
mit Liebe – Frieden – Dankbarkeit
und Zwischenmenschlichkeitslichtern.
Lass uns gehen in sinnig nachhaltigen Atemreisespuren.

Beate Loraine Bauer

Erinnerungsstift

Das Zuhause
ist Ort der Geborgenheit wie Gemütlichkeit.
Traumlose Nächte flüstern
Erzählungen von dem was war
oder sehnsuchtsvoll sein möge.
Sternenfunkel und sanftes Mondlicht
lächeln ins Fenster rein
Erinnerungsbilder der Bewohner
seufzen – blättern weiter…
Sommerwind fegt gefühlvoll ums Haus,
streichelt bevor Regentropfen ans
Fensterglas trommeln.
Flink huscht ein Stift
im Gedankenvogelkurs
übers Papier.
Hält inne,
lauscht sein Besitzer
über die leisen Worte des Zuhauses,
vernimmt geduldig noch die des Herzens
und der sinnigreisenden Seele.
Sanft streift der erwachende Morgen
den nachtdunklen Mantel ab.
Wo der Stift
weitere Geschichten des Lebens
offenbart,
ans Gegenwartslicht bringt
wie bunte Blütenkränze,
in denen Worte
ihr Zuhause eingeflochten finden.
Erinnerungswolken kostbare Plätze erhaschen.

Beate Loraine Bauer

Schwarze Rechte?

Schwarz gekleidet
vermummte Gesichter
mischen sie sich unters friedliche Volk
Ohne Respekt – Augenhöhe – Würde.
Wollen keine demokratische Demonstration,
sondern rein aggressiv parolte Hetze ausbauen.
Publikum – Medien und Internet
benutzt – dadurch involviert – teilweise infiziert.
Ohne tiefere Hinterfragung,
Schlagworte purzeln wie Keulen rhetorisch
unsachlich bis unwahr
über
Mauerworte zur Diskreditierung im Übermaß
plastisch in Gesellschaft geschleudert,
wie ein Köder eines hungrigen Anglers…
Auf Gedeih und Verderb
anders farbige – denkende – kulturell verwurzelte Menschen
in eine Schubladenpresse ausgrenzender Daseinsgewalt verschoben
Diese Glaubenssympathisant läuten solch mobbende Glocken
Meinungsklingen kreuzen einander
Distanzabgründe nähren Menschenuferseiten.

Wo Rechte nur Diktatoren besitzen,
bewirken neue Schattenkriege mit Opfern
Erinnerungsrauch steigt deutlich empor –
Szenarien greifen nach geborgenen Alltagslichtern.
Können wir so eine Geschichtsapokalypse nochmals zulassen?
Wollen wir das wirklich?
Lernen – ja erkennen wir den nicht –
das sich dieses Zeitrad aktiv wiederholen will?
Frieden somit übers WIR-Lebensboot geworfen wird?!
Sind wir real bereit unsere Atemseelenhaut zu verkaufen…
für was genau?

Ist nicht jeder hierfür Preis zu viel und zu teuer?

Beate Loraine Bauer

Der Planet braucht Herz

Unser Planet braucht keine neuen Ausbeutungen,
Kriege, Übergriffigkeiten, Respektlosigkeit
und missbrauchtes Atemgastrecht.
Keinen Plastikmüll in Ozeanen oder anderswo.
Es braucht ein Wir –
das im akzeptierend tolerierenden Dialog
miteinander
für den Frieden
nicht nur in die Richtung sieht,
sondern deutlichst
dafür mit Worten – Handlungen – Sein
mit Rückgrat einsteht.

Geschichtenerzähler, die uns das Verstehen
wieder auf andere Weise näher bringen.
Wirkliches zuhören – fühlen – nachdenken – entfalten.
Heiler die mit Herzenergien
förderlich vieles
in eine gesunde bessere Basis verwandeln.
Erneuerer die klug wie nachhaltig
aus Altem wie heute
ein sichereres Morgen anfertigen.

Friedensäerinnen die geduldig – konstant – vielfältig
einen dimensionsweiten Kreativteppich knüpfen,
der als steter Quellfluss
alle Erdenpunkte erreicht.
Ohne Sprachgrenzen – Hand in Hand –
gemeinsame Brückenwege eröffnen – finden – umsetzen.

Unser Planet braucht
Liebende aller Arten,
denn die Liebe ist die stärkste – hellste – reinste Kraft
die uns Menschen berührt,
zu achtsameren Wesen ersinnt

sowie Freude – Zufriedenheit – Dankbarkeit
erblühen lässt,
die unsere Mutter Erde
Atemvoll gesegnet vollführt.
Wertvoll innige Planetseelenerlebnisse
schöpfen Tageslicht
– fließen ins unendliche Gezeitenrad
nährend ein.
Entwicklungen bewirken Chancenfelder
die jeder Einzelne
verantwortungsvoll bestellt im Tagwerk.
Konkret lebendiger Frieden
der im Innen wie Außen
wertvollen Atemplatz einnimmt.

Eduard Preis

Kein Dichter

Realität, oder Traum:
„Täglich ein Gedicht. Als Therapie. Der Dichter kreißt."
- Kunert, Günter (2009): Als das Leben umsonst war.
München: Carl Hanser Verlag, S. 99.

Traum, oder Realität:
Täglich kein Gedicht.
Einzig ein Lebenswerk für dich
und noch eins zum Abschluss auch für mich.
Gedichte schreib ich dabei jedoch nicht.
Der Dichter kreißt.

Irgendwo dazwischen:
Schlecht - recht mittelmäßig - meisterlich
denkt der eine und der andere ließt es nicht.
Vergisst den Namen, vergisst das Ich,
vergisst den Namen und jedes Gedicht
- vielleicht -
auch nicht.
Der Dichter kreißt: - er ist's -
und ist's zugleich auch nicht.

Eduard Preis

Im Zug

Schweigend sitzen wir uns gegenüber
Haben uns nichts mehr zu sagen
Aus jenen vergangenen Stunden werden Jahre

Ich lege dir eine Hand auf deine Schulter, lächle
Du erschreckst - wie immer -
und ich ziehe mich zurück
Will aufstehen und gehen

Gerade als ich mich wegdrehe
den letzten Blick von dir abwende
und auch die letzte Hoffnung aufgebe
ergreigst du meine Hand
Krallst dich in sie

Halte ich sie fest oder entreiße nun ich mich ...
Ich weiß es nicht ...

Inspiriert durch das Gedicht von Oberbeil, Horst (2016): Im Zug. München: SALON LiteraturVerlag, S. 50.

Eduard Preis

Im Zug (2)

Erneut auf ungewisser Reise
Steige ich in irgendeinen Zug noch ein
Spaziere kurz allein
Dunkelheit
Vergesse auch schon, wo ich herkam
Ich ziehe weiter
Ein Gesicht erscheint: Mutter, Vater
- ihr seid wohl auch dabei?

Die Tage ziehen an uns vorbei
- Sommer - Herbst - Winter - Frühling -
Im Zug ist alles einerlei
Alles geht vorbei
Mein Blick bleibt haften:
Dort ein Freund,
dort eine Frau!
Sie sind kurz da - ich halt sie fest, lauf ihnen nach ... verliere sie
Verliere mich im Zug
Bin alleine
Will aussteigen
Stehe vor der Tür
Und schau nach draußen
Schaudere

Ziehe heim

Warte auf die Kontrolle meiner Fahrkarte
Ein jeder Stopp wird abgehackt
Geschmacklos treibe ich mich von
Abteil zu Abteil - suche nach dem etwas was mir fehlt
Finde nichts
Bleibe leer
Unbeschrieben
kehre wieder
heim

Setze mich hin, verweile
Beginn zu träumen
von grünen Wiesen, Feldern,
Wäldern - Seen, sehe mich dort stehen,
wie ich ein Rehkitz beobachte.
Du setzt dich zu mir
Ich dreh mich weg
Zu schön der Traum
Es horcht ganz plötzlich auf
Schaut zu mir hin
Es nimmt mich wahr
Unbewegt verharre ich und starre zurück
Es läuft nicht weg
Ebenso wenig wie auch du

Inspiriert durch das Gedicht von Oberbeil, Horst (2016): Im Zug. München:
SALON LiteraturVerlag, S. 50.

Eduard Preis

Vater

So selten werde ich deiner gewahr.
Dennoch weiß ich immer, du bist da.
Der seltene Augenblick
- in dem ich, dein Kind -
erblicke dich, und mir wird mal wieder klar.
Vater - du bist da!
Vater - du bist wunderbar!

Eduard Preis

Sehnsucht

für L. H.

Die Beständigkeit der Erinnerung trägt deinen Namen.
Gespräche ziehen immer wieder in und an mir vorbei
- leer, und doch gefüllter als je, mit deinem Sein.
Dein Gesicht, dein Lächeln: eine Freude,
die mein innerstes kurzfristig wärmt.

„Wie sehr wünsche ich mir dich her ...“

Die Schwere der Sehnsucht, das Verlangen der Nähe
- eines kurzen Treffens, ein einzelner Abend: wie früher ...
romantisch bei einem Wein und Kerzenschein speisen
und unterhalten wir uns. Nichts mehr ... -
nach dieser Zeit sehnt es mein Herz unbeschreibbar ... So sehr.

Eduard Preis

Ich

Ich: „Ich ...“
Du: „Ich ...“
Er: „Ich ...“
Sie: „Ich ...“
Es: „Ich ...“
Wir: „Ich ...“
Ihr: „Ich ...“
Sie: „Ich ...“

Und wann denkst du mal an die Anderen?

Eduard Preis

Anti-Anthropozentrismus

Der Mensch:
Nichts weiter als ein Sandkorn
In einer unendlichen Wüste

Der Mensch nur einer
- von vielen Menschen
Die Erde nur eine,
- von vielen Planeten
Die Planeten, nur ein Teil
- von vielen Sonnensystems
Das Sonnensystem, nur ein Teil
- von vielen Milchstraßen
Die Milchstraßen, nur ein Teil
- von vielen Galaxien
Die Galaxien, nur ein Teil
- des Kosmos

Der Kosmos:
Antrieb aller Bewegung, Hoffnung
und Ende von Leben
Irgendwo - verloren - darin
Der Mensch und sein Wesen

Eduard Preis

Menschen

Für wen wir uns halten
- aus unserer Perspektive:
Tiere, die besser kommunizieren
Tiere, die alles vernünftig rationalisieren
Tiere, die ihr Denken und Handeln reflektierten
Tiere, die abstrahieren
Tiere, die ihrer selbst bewusst sind
Tiere, die Gefühle und Emotionen haben können
Tiere, die interagieren
Tiere, die kooperieren
Tiere, die modifizieren
Tiere, die Werkzeuge herstellen
Tiere, die Werkzeuge zur Herstellung von Werkzeugen herstellen
Tiere, die sich verstellen
Tiere, die Lügen
Tiere, die Betrügen
Tiere, die sich selbst schaffen - kreiren
und in ihrer Fantasiewelt verlieren
Tiere, mit unterdrückten Trieben
Tiere, an der Spitze der Nahrungskette
Tiere, die dem Pan entspringen
Tiere, die sich aufrecht auf zwei Beinen bewegen
Tiere, die über alles auf der Welt dominieren
Tiere, die andere Tiere domestiziert
Tiere, die aus Gottes Leibesform selbst rinnen
Tiere, die versuchen ihr Schicksal zu täuschen
Tiere, die angepasst sind
Tiere, die kreativ sind

Tiere, die Tiere sind

Für wen hält man uns wohl
- aus anderer Perspektive?

Mario Ragnar Glöckl

Ich bin der, der ich bin

Lass mich gehen
Ich will nicht mehr
Das Leben so alleine - ist für mich trostlos schwer
Ich bin ein alter Mann
Der nichts mehr geben kann
Meine Frau schon längst verstorben
Meinen Lebensmut habe ich verloren
Ich bin alt und schwach
Keine Freude hält mich noch wach
Ich möchte von hier entschwinden
Und vielleicht mit meiner einstigen Liebe - zusammenfinden
Erlöse mich von dieser Welt
Führe mich ans Licht - das alles so erhellt
Ich möchte nicht ewig Leben
Ich möchte mich in eine andere Welt begeben
Ich bin müde - habe keine Kraft
Habe alles erledigt - habe alles geschafft
Ich lasse alles unberührt stehen
Es wird Zeit - für mich zu gehen

Mario Ragnar Glöckl

Let me rot in Hell

Du warst das Licht in meiner Welt
Du warst in meinem Leben der Held
Schon vor Jahren gingst du von mir
Seit dem Lebe ich wie ein Tier
Zuerst war es Liebeskummer
Doch nun nagt Depression an meinem Herzen
Wo bist du jetzt?
War das alles nur Einbildung?
Dämonen spielen mit meinen Gefühlen
Ich bin verloren
Fühle mich nicht mehr geborgen
Ich wünschte, ich wäre nie geboren
Ich tauche ein in ein Meer aus Melancholie
Möchte doch nur das Leben atmen
Doch die Lungen füllen sich mit Leid
Es gibt keine Freiheit
Du warst das Licht in meiner Welt
Wo bist du jetzt?
Wo bist du jetzt?

Inhalt

Autorinnen und Autoren stellen vor:

Heidi Axel: Quer Beet - Gedichte und Geschichten rund ums Leben, 184 Seiten, NOEL-Verlag, 16,90 €
Heidi Axel: Im Osterhasenland. Wie die Ostereierfarbe gerettet wurde, 45 Seiten, NOEL-Verlag, 2018, 13,90 €
Heidi Axel: Doktor Uhu erzählt. Geschichten aus dem Wald" - ein Buch nicht nur für Kinder, 137 Seiten, NOEL-Verlag, 2016, 14,90 €
Heidi Axel u.a.: Das schönste Konzert. Erzählungen, 416 Seiten, Dorante Edition, 2018, 17,90 €
Heidi Axel u.a.: Von Goldmünzen und Dämonen. Märchen, Fantasie- und Spukgeschichten, 408 Seiten, Dorante Edition, 2017, 17,90 €

Burkhard Bierhoff, Marko Ferst, Rainer Funk u. a.; Erich Fromm als Vordenker. „Haben oder Sein" im Zeitalter der ökologischen Krise, 224 Seiten, Edition Zeitsprung, Berlin 2002, 15,90 €

Marko Ferst, Andreas Erdmann, Monika Jarju u.v.a: Die Ostroute. Erzählungen, 256 Seiten, Edition Zeitsprung, Berlin 2014,16,90 €

Marko Ferst: Jahre im September. Gedichte und Erzählungen, 212 Seiten, Edition Zeitsprung, 2017, 11,90 €
Marko Ferst: Umstellt. Sich umstellen. Politische, ökologische und spirituelle Gedichte, 160 Seiten, Engelsdorfer Verlag, Berlin 2005, 11,20 €
Marko Ferst: Täuschungsmanöver Atomausstieg? Über die GAU-Gefahr, Terrorrisiken und die Endlagerung, 136 Seiten, Edition Zeitsprung, Berlin 2007, 9,95 €
Marko Ferst, Franz Alt, Rudolf Bahro: Wege zur ökologischen Zeitenwende. Reformalternativen und Visionen für ein zukunftsfähiges Kultursystem, 340 Seiten, Edition Zeitsprung, Berlin 2002, 21,90 €
Leseproben und Bestellung: www.umweltdebatte.de

Hans Sonntag: Helena Wolfsohn & Co.-Chronik einer jüdischen Händlerfamilie in Dresden. Sachbuch, 163 Seiten, Verlag Hille Dresden, 2016, 13,90 €

Harald Kirschner (Fotos); Hans Sonntag (Erzählung): Als die Eisenbahnstraße noch Ernst-Thälmann-Straße hieß. Ein Leipziger Stadtteil in den 80er Jahren, Sachbuch, 96 Seiten, Mitteldeutscher Verlag Halle, 2019, 16,00 €

Literaturpodium

Bei uns können Sie Gedichte, Erzählungen, Essays, wissenschaftliche Beiträge, Märchen, Fantasiegeschichten, Haiku, Aphorismen, Reisereportagen etc. in verschiedenen Buchprojekten veröffentlichen. Die Bücher werden gegenseitig mit Anzeigen beworben und im Internet präsentiert. Sie sind in vielen Ländern lieferbar. Auch eigene Gedichtbände, Romane etc. können publiziert werden.

Mehr Informationen unter:

www.literaturpodium.de

Den Wellen gegenüber

Blaue Erzählungen und Gedichte

Anne Peschlow, Wolfgang Hügel, Petra Dobrovolny-Mühlenbach u.v.a

228 Seiten, 2019

In der Blütenwelt flanieren

Gedichte

Petra Dobrovolny-Mühlenbach, Michael Wies, Helga Thomas u.v.a.

140 Seiten, 2019

Leseproben, Inhaltsverzeichnis: www.literaturpodium.de
Bestellung: wettbewerb@literaturpodium.de

Bis dein Blick Meer wird

Gedichte

Ulrich Grasnick, Günter Kunert, Sigune Schnabel
Henry-Martin Klemt, Charlotte Grasnick, Marko Ferst, u.v.a.

412 Seiten, 2019, 14,90 €

In der frischen Brise kurven Möwen über Dünen und Meer hinweg. Viel Weiß verbrauchte Caspar David Friedrich für seine Kreideküste. In einem weiteren Gedicht bricht die brennende Takelage des Winters herunter, umkreist von Rottgänsen. Farbige Versprechen tauchen beim Mexikanischen Totenfest auf, neue Kleider werden geschenkt. Ein Traumdetektiv geht auf die Suche. Patagoniens Puma und die Ruta 40 bekommen ihren Auftritt, Andengipfel. Für die Mutter will jemand kochen in einem syrischen Garten mit Datteln, wenn der Krieg vorbei ist. Blaue Pausen fallen in das Meer der Töne, Debussy verzaubert mit Flöten die Hörer. Krakauer Tauwetter, jemand spielt auf einer geraubten Trompete. Wie könnte Frühlingsluft durch die Flure der Zivilisation wehen? Der Müggelsee lädt zu einer Dampferfahrt ein. Grafiken von Dorothee Arndt illustrieren den Band. Das Köpenicker Lyrikseminar mit der Lesebühne der Kulturen Adlershof ist seit weit mehr als vier Jahrzehnten eine Institution. Für diesen Gedichtband wurden zahlreiche Gäste dazugeladen.

Leseproben: www.umweltdebatte.de   Bestellung: marko@ferst.de (dt. Porto frei)

Republik der Falschspieler

Gedichte

Marko Ferst

172 Seiten, Engelsdorfer Verlag, 11,60 €

Wohin driftet die Berliner Republik? Ein bißchen Gelddiktatur schadet doch niemandem? Die Gedichte in diesem Band bürsten unbequem gegen den Strich. Hartz IV und Ein-Euro-Job kommen auf den Prüfstand. Da wird nach sozialer Gerechtigkeit ebenso gefahndet wie nach ökologischer Balance. Sind wir als Zivilisation dem Untergang geweiht? Der Autor setzt sich auseinander mit den Folgen von Tschernobyl für die Menschen und thematisiert: Atomkraft ist unverantwortlich. Er führt uns nach Mittelasien und schreibt sich an die Tragödie um den verschwindenden Aralsee heran.

Wieviel unschuldige Opfer fordert der angebliche Kampf gegen den Terror? Was konnte die orange Revolution in der Ukraine leisten oder wieviel blaue Adern durchziehen sie? Unternommen wird ein Ausflug an die Wolga und nach Kasan. Einen umfangreichen Abschnitt mit Liebesgedichten findet man vor, überdies zahlreiche Landschaftsgedichte. Außerdem: was kann dem streßgeplagten Weihnachtsmann alles passieren? Eine Nachtwanderung führt in spukumwundenes Ferienland.

Leseproben: www.umweltdebatte.de   Bestellung: marko@ferst.de

Jahre im September

Gedichte und Erzählungen

Marko Ferst

Jahre im September

Gedichte und Erzählungen

Marko Ferst

212 Seiten, Edition Zeitsprung, 2017

Über Ostseeinseln wie Öland und Usedom streifen die Gedichte. Sie führen in die schwedische Schärenstadt sowie nach Buchara, Samarkand oder in den Ural. Magische Ausflüge in die Natur und Tierwelt tauchen auf. Gedichte zu Musik, Literatur und Malerei reichern diesen Lyrikband an. Unter die Lupe genommen wird der Drang der Regierenden, uns mehr und mehr auszuspionieren. Kritik zieht das gescheiterte Afghanistan-Abenteuer auf sich, das syrische Totenfeld wird umrissen. In Bangladesch zeichnen sich weitere Landnahmen des Meeres ab, Wasserstände, die mit unserem verschwenderischen Lebensstil im Norden verbunden sind. Sondiert wird, warum unsere Zivilisation ökologisch zu scheitern droht, sich längst im Spätstadium befindet. In der Arktis zeigt sich, wie weit das Vorspiel zum Klimaumsturz schon gediehen ist. Spitzbergen archiviert unsere letzten genetischen Hoffnungen. Den Spuren und Abgründen einer mysteriösen Krankheit wird nachgegangen. Der Band enthält zwei Erzählungen - eine arktische Begegnung zwischen weißen Raubtieren und einen Blick in das sowjetische Speziallager Sachsenhausen.

Leseproben: www.umweltdebatte.de   Bestellung: marko@ferst.de

Gespiegelte Landschaften

Blaue Erzählungen und Gedichte

Elisabeth Gehring, Helmut Glatz, Volker Teodorczyk, Peter Lechler u.v.a.

428 Seiten, 2019

Wahre Feen tragen blau. Doch was kann helfen gegen einen Vater, der arbeitslos geworden, jedes Maß für ein gelingendes Leben verliert? Die Irrungen und Wirrungen eines Verlegers nimmt eine andere Erzählung aufs Korn. Mit einem blauen Scherenschnitt gelingt einer jungen Künstlerin etwas Besonderes, nur leider bemerkt sie das zu spät. Die Blaue Blume steht im Zentrum eines anderen Beitrags. Lesen Sie über die Landschaft der Stille im Norden Schwedens. Viele Gedichte nehmen die Farbe Blau in ihre Gedanken auf und verwandeln sie. Der Aralsee, einst ein blaues Wüstenauge, kommt in den Blick. Von blauen Mauern ist die Rede. Ein Autor berichtet von einem blauen Abteil im Zug und einer besonderen Begegnung darin. Über eine junge Liebe in Heidelberg erfahren wir mehr in einer ausführlichen Erzählung. Vom Blautopf und seinen untergründigenHöhlensystemen sowie der Schönen Lau kann man lesen. Erleben Sie eine Floßfahrt ins Blaue auf Tasmanien.

Leseproben, Inhaltsverzeichnis: www.literaturpodium.de

Im Dünenblick

Gedichte

Peter Frank, Eline Menke, Carsten Rathgeber u.v.a.

304 Seiten, 2019

Über dem eiskalten Meer liegt Winternebel, Wellen spülen ans Ufer, das Dünengras ist gebeugt vom Wind. Kapstadt und Jakarta kommen in den Blick. Vom Potsdamer Belvedere und seiner langen stillen Zeit berichtet ein Gedicht. An den Ausbruch des dreißigjährigen Krieges wird erinnert. Gedichte sind Paul Celan gewidmet. Bis zum Horizont konnte man einst Divisionen erblicken. Seiltänzer bekommen ihren Auftritt. Ein Dichter geht ins Zwiegespräch mit Eva Strittmatter. Immer wieder gelangt im Band der Herbst zur Sprache. Warum neigt sich die Waage zum Risiko hin, drohen uns Lawinen einzuholen? Olivenbäume begleiten uns. Höfe wie Laternen sind in den Berg gehängt.

Leseproben, Inhaltsverzeichnis: www.literaturpodium.de

Sommernächte bei dir

Erzählungen und Gedichte über die Liebe

Kerstin Werner, Mesut Bayraktar, Sylvia Amstadt, Thomas Barmé u.v.a.

436 Seiten, 2018

Mit Erzählungen und Gedichten über die Liebe unterhält dieser Band. Eine Karte ohne Absender gibt Rätsel auf. Ein Taxifahrer in New York fährt ungewöhnliche Routen ab mit einer Frau. Eine Gerichtsakte ist zu bearbeiten, erfordet einen juristischen Kommentar. Das alles wird zur Fußnote in den Armen der sich Liebenden. Ein Aufenthalt in Schweden führt zu den Sámi. Nach diskreter psychologischer Behandlung sucht ein Kanzler, doch welche Folgen hat das? Leben vergeht, und neue Begegnungen entfalten sich fast gleichzeitig in einer Erzählung. Eine junge Heilerin aus einem Stamm pflegt einen fremden Mann, der verunglückt ist. Sie kommen sich näher, doch gibt es eine Chance für ein Zusammenleben? Die mysteriösen Begebenheiten in einem Gothic-Hotel rufen die Staatsanwaltschaft auf den Plan. In den Gedichten entfaltet und versteckt sich die Liebe, rote Linien ziehen ihren Weg. Die Geheimnisse der Mittsommernacht werden aufgerufen. Mirabellenbäume laden zum Träumen ein. Spaziergänger verweilen am Meeresufer. Krimiabende stören das Liebesleben.

Die Jungfrau aus dem Norden

Gedichte

Rainer Daus

124 Seiten, 2019

Die Gedichte handeln von Liebe, der Sehnsucht nach einem ersten Kuss, Sexualität. Es geht um die ganze Bandbreite dessen, was unser Dasein ausmacht im Kern. Ebenso leuchtet der Autor Sterben und Leid aus, weicht mit seiner Sicht nicht zurück, wenn Mord und Terror von sich reden machen. Kurzum: Die hier vorgelegten Gedichte sind in Versform gegossene Konzentrate aus Leben, Welt und Erfahrung. Reimlose, moderne Lyrik ist es, wie man sie unter anderem von Charles Bukowski her kennt oder dem frühen Gottfried Benn. Zynisch, sarkastisch oder brutal zuweilen im Ton, oft aber auch mit einer zärtlichen Spur. Die thematische Varianz der Gedichte ist hoch, sie sind auf Verständnis hin ausgelotet, die Kraft der Bilder immer im Blick.

Leseprobe, Inhalt: www.literaturpodidum.de
Kontakt und bestellen: daus.r@t-online.de

Im Mosaik der syrischen Spuren

Gedichte

Edda Gutsche, Dirk Tilsner, Ralf Burnicki u.v.a.

420 Seiten, 2018

Mancher würde gerne Datteln im Garten ernten. Wann gibt es Frieden in Syrien?, doch was für ein neues Joch rückt im Schatten nach? Palmyras Säulenstadt in Wüstenarealen widmen sich Gedichte, Homs, Aleppo oder Damaskus rücken in den Brennpunkt. Gedichte zu unterschiedlichsten Aspekten des syrischen Dramas durchziehen den Band an zahlreichen Stellen, aber auch an die Levante vor dem Krieg wird erinnert. Reisenotizen führen in die Normandie, Küstenlandschaften kommen in den Blick. Istanbuler Stadtgassen und Basare ziehen vorüber. Lyrische Anleitungen zum Orgelbau halten sich parat. Der deutsche Philosoph Fichte, erster Rektor der Berliner Universität, wird aus polnischer Perspektive gewürdigt. Wie sich unser Treibhaus schließt und ein Spott auf Brückentechnologien beschreibt ein Gedicht und gibt Aussicht auf eine solare Republik. Ein Abgesang auf den Reim im Gedicht will gerade diesen gefördert wissen, in dem es ihn scheinbar abschreibt. Lichtweber vagabundieren, verpassen Züge, sind auf Exkursion. Einige leicht erotische Beiträge lockern auf. Espressogesänge und deren Salto mortale werden zelebriert. Eine weiße Amsel fliegt davon.

Aktuelle Bücher

Helmut Glatz, Martin Westenberger, Manfred Burba u.v.a.
Schattenspiel der Berge. Gedichte (344 Seiten)
Alfred J. Signer, Helmut Glatz, Volker Teodorczyk u.v.a.
Im falschen Abteil. Gedichte (380 Seiten)
Manfred Burba
Die Windrichtung ändern. Gedichte (188 Seiten)
Reinhard Lehmitz, Erika Maaßen, Ralf Hilbert
Schwalben am Teichufer. Haiku und andere Kurzgedichte, Aphorismen (228 Seiten)
Mio Mandel, Christine Zeides, Magnus Tautz, Manfred Burba u.v.a.
Sommerfrühstück. Erzählungen und Gedichte (436 Seiten)
Elisabeth Gehring, Bruno Rauch, Carsten Rathgeber u.v.a.
Auf der Halbinsel. Rote Erzählungen und Gedichte (420 Seiten)
Lena Kelm
Manchmal dauert ein Weg ein Leben lang. Vom Gulag nach Berlin (248 Seiten)
Anna B. Lippmann, Francesco Mancino, Renate Maria Riehemann u.v.a.
Von raffinierten Kochkünsten. Erzählungen und Gedichte über erlesene Speisen (320 Seiten)
Alexander Weiz, Norina Fisch, Michael Krause-Blassl u.v.a.
Das Azurblaue Königreich. Märchen, Spuk- und Fantasiegeschichten (424 Seiten)
Heike Gewi, Ingrid Baumgart-Fütterer, Karsten Beuchert u.v.a.
Der Palast im Orient. Märchen, Fantasie- und Kindergeschichten (364 Seiten)
Petra Dobrovolny-Mühlenbach, Helmut Tews, Judith-Katja Raab u.v.a.
Reiseträume erfüllen sich. Reportagen, Erlebnisse und Gedichte (428 Seiten)
Hannelore Furch, Peter Lechler, Thomas Schricker u.v.a.
Eine Hochzeit in der mongolischen Steppe. Reisen und Landschaften (412 Seiten)
Karin Posth, Benjamin Frech, Klaus Kayser, Peter Frank u.v.a.
Meere, Flüsse, Seen. Erzählungen und Gedichte (415 Seiten)
Swantje Baumgart, Werner Hetzschold, Heidi Axel u.v.a.
Spagat auf Zeit. Erzählungen (408 Seiten)
Marko Ferst
Umstellt. Sich umstellen. Politische, ökologische und spirituelle Gedichte (160 Seiten)

Leseproben: www.literaturpodium.de Bestellung: wettbewerb@literaturpodium.de